Schriftenreihe des Europäischen Zentrums für Föderalismus-Forschung

Herausgegeben vom Vorstand des Europäischen Zentrums für Förderalismus-Forschung:

Prof. Dr. Dr. h.c. mult. Horst Förster
Prof. Christopher Harvie, Ph.D.
Prof. Dr. Rudolf Hrbek (Sprecher)
Prof. Dr. Martin Nettesheim
Prof. Dr. Barbara Remmert (stellv. Sprecherin)
Prof. Dr. Josef Schmid
Prof. Dr. Dr. h.c. Wolfgang Graf Vitzthum
Prof. Dr. Hans-Georg Wehling,

In Gemeinschaft mit Prof. Dr. Franz Knipping, Prof. em. Dr. Dr. h.c. Günter Püttner, Prof. Dr. Roland Sturm

Band 28

Wolfgang Renzsch (Hrsg.)

Perspektiven ostdeutscher Länder in der Europäischen Union

Nomos

Die Deutsche Bibliothek verzeichnet diese Publikation in der Deutschen Nationalbibliografie; detaillierte bibliografische Daten sind im Internet über http://dnb.ddb.de abrufbar.

ISBN 978-3-8329-2548-2

1. Auflage 2007

Inhaltsverzeichnis

Vorwort

Die hier zusammengestellten Beiträge stammen von drei Workshops, die das Institut für Politikwissenschaft (IPW) der Otto-von-Guericke-Universität Magdeburg in den Jahren 2003 bis 2005 in Magdeburg und Quedlinburg veranstaltet hat. Ein Beitrag wurde zusätzlich eingeworben.

Die ursprüngliche Intention war, eine Bilanz der Europapolitik der neuen Länder vornehmlich aus der Perspektive der Akteure zu ziehen. Konkret wurde eine Reihe von Zuständigen in den Verwaltungen der ostdeutschen Länder angesprochen oder es wurde um Empfehlungen für Sachverständige vor allem aus der praktischen Arbeit in diesem Bereich gebeten. Von dieser ersten Tagung stammen die Beiträge von Dr. Elke Halm, Ministerium für Ernährung, Landwirtschaft, Forsten und Fischerei des Landes Mecklenburg-Vorpommern, Dr.-Ing. Jobst Zander, Institut für Verkehr und Raum an der Fachhochschule Erfurt, und Thomas Wobben, Leiter der Vertretung des Landes Sachsen-Anhalt bei der EU. Auf einer zweiten Tagung ging es dann um den internationalen Vergleich von Dezentralisierungs- bzw. Föderalisierungsprozessen in alten und neuen Mitgliedstaaten der EU. Aus dieser Tagung stammen die Beiträge von Dr. Klaus Detterbeck, Institut für Politikwissenschaft an der Otto-von-Guericke-Universität Magdeburg und Dr. Sebastian Płóciennik, Willy-Brandt-Zentrum an der Universität Wrocław. Hinzugenommen wurde die schriftliche Fassung des Einführungsvortrags von Staatsminister Rainer Robra, Europaminister und Chef der Staatskanzlei Sachsen-Anhalt, vom gemeinsamen Workshop des Europäischen Zentrums für Föderalismus-Forschung Tübingen (EZFF) und des IPW im November 2005 in Quedlinburg. Außerdem konnte noch der Beitrag von Dr. Henrik Scheller, Hamburgisches WeltWirtschaftsInstitut, hinzugewonnen werden.

Von der ersten Tagung hätten wir gern mehr Beiträge publiziert. Zum Teil haben die damaligen Vorträge mittlerweile ihre Aktualität verloren (so auch der des Herausgebers), deshalb wurde auf sie verzichtet. Teilweise haben die damaligen Referenten neue Aufgaben übernommen und sahen sich daher nicht in der Lage, ihre Beiträge zu aktualisieren. Teilweise signalisierte man auch, dass eine Veröffentlichung nicht gewünscht werde. Ohne diese Umstände wäre das Themenspektrum breiter.

An dieser Stelle besteht die angenehme Pflicht, Dank abzustatten: der Landeszentrale für politische Bildung des Landes Sachsen-Anhalt für die finanzielle und organisatorische Unterstützung der drei Workshops, der Stiftung Rechtstaat Sachsen-Anhalt für eine Teilfinanzierung des gemeinsamen Workshops mit dem EZFF, Frau Tatjana Ruhl, studentische Hilfskraft am Institut für Politikwissenschaft der Otto-von-Guericke-Universität, für die redaktionelle Bearbeitung der eingegangenen schriftlichen Beiträge. Die Drucklegung schließlich wurde durch Jean-Monnet-Mittel der Europäischen Union ermöglicht.

Magdeburg, im November 2006

Wolfgang Renzsch
Jean-Monnet-Chair for European Studies
Otto-von-Guericke-Universität Magdeburg

Europapolitik für Sachsen-Anhalt: Mitwirkung an Entscheidungsprozessen in der Europäischen Union

Rainer Robra

Einleitung

Sachsen-Anhalt hat – wie alle deutschen Länder – ein umfassendes Mitwirkungsrecht in Angelegenheiten der Europäischen Union. Für ein eher kleines Land, das noch dazu im Aufbau ist und die Folgen der Vergangenheit noch immer nicht überwunden hat, besteht darin eine große Herausforderung. Obwohl wir ein junges Bundesland sind, befinden wir uns hier in der UNESCO-Welterbestadt Quedlinburg auf wahrhaft historischem Boden – auch was die Entwicklung des Föderalismus in Deutschland und Europa anbelangt. Ostern des Jahres 973 beging Kaiser Otto I. seinen letzten Hoftag. Darüber ist in den Hildesheimer Annalen zu lesen: „Otto der ältere Kaiser kam mit dem jüngeren nach Quedlinburg; dort feierten sie Ostern und dorthin kamen Gesandte der Griechen, der Beneventaner, der Ungarn, der Bulgaren, der Dänen, der Slawen mit königlichen Gaben.“[1] Es war also ein europäisches Treffen der Sonderklasse, das Ostern 973 in Quedlinburg stattfand. Im Mai 2003 haben wir dieses Ereignisses in einem wissenschaftlichen Symposium „Von den Wurzeln zum Neuen Europa“ gedacht. Mancher Redner hat den Bogen von Kaiser Ottos europäischem Wirken bis zur heutigen europäischen Integration gespannt.

Im Bewusstsein unserer historischen Wurzeln sollen die folgenden Ausführungen die Schwerpunkte der aktuellen Europapolitik Sachsen-Anhalts und unsere Bemühungen um aktive Interessenvertretung auf der europäischen Bühne illustrieren. Aus meiner Sicht ist dieses Thema für die Föderalismusforschung von besonderer Bedeutung. Deutschland und Europa ringen gleichermaßen um die richtige Antwort auf die Frage, welches Maß an Zentralismus und Dezentralisierung, an Subsidiarität, Gewaltenteilung und klarer Verantwortung jeweils passend ist. Mit der Einigung der Koalitionsparteien auf die Föderalismusreform werden wir in Deutschland diesbezüglich einen wichtigen Schritt vorankommen. Auch dazu soll im Folgenden etwas gesagt werden.

Auch für die erweiterte Europäische Union müssen die Fragen um die künftige Verfasstheit Europas neu beantwortet werden, wie die Diskussionen um den Verfassungsvertrag, um den Erweiterungsprozess oder um die Bürgernähe der Gemeinschaft zeigen. Das Europäische Zentrum für Föderalismus-Forschung hat unter Leitung von Prof. Dr. Rudolf Hrbek zu dieser Debatte mit seinen Arbeiten und Veröffentlichungen, darunter mit den bisher 7 Bänden des „Jahrbuch des Föderalismus“ Wesentliches beigetragen. Um so mehr freut es die Landesregierung Sachsen-Anhalt (und die Stiftung Rechtsstaat Sachsen-Anhalt e.V.), dass wir mit der Unterstützung dieser Veranstaltung in Quedlin-

1 Quelle: Annales Hildesheimenses, hrsg. von Georg Waitz, Hannover/Leipzig 1878, Nachdruck Hannover 1990, zit. nach: Johannes Fried: Otto der Große, sein Reich und Europa, in: Matthias Puhle (Hrg.): Otto der Große – Magdeburg und Europa, Mainz 2001, Band I, S. 541.

burg einen kleinen Beitrag zum Zustandekommen des nächsten Jahrbuches leisten können.

Europäisierung der Landespolitik

Wie Sie wissen, sind die deutschen Länder als Staaten, die 1949 zur Wahrnehmung bestimmter Aufgaben die Bundesrepublik Deutschland gebildet haben, besonders stolz auf ihre föderale Tradition. Gelegentlich wird vermutet, wir würden im deutschen Föderalismus die Lösung für alle europäischen Probleme sehen. Diesen Einwand möchte ich gleich vorab zurückweisen. Aber die deutschen Länder verfügen über umfangreiche Kompetenzen und Rechtsetzungsbefugnisse. Daher ist es für sie von besonderer Bedeutung, in welche Richtung sich die Europäische Union entwickelt und welche Rolle Deutschland – Bund und Länder – dabei spielt.

Europapolitik ist für Sachsen-Anhalt wie für andere deutsche Länder und europäische Regionen von unverzichtbarer Bedeutung: Etwa 80 % der deutschen Gesetzgebung wird durch europäische Richtlinien und Verordnungen vorgeprägt. Es wäre daher völlig verfehlt, mit der Vertretung der eigenen Interessen ausschließlich auf nationaler Ebene anzusetzen. Die europäischen Bezüge in Politik und Verwaltung des Landes Sachsen-Anhalt nehmen – wie in allen europäischen Ländern und Regionen – noch weiter zu. Dieser Herausforderung muss sich ein Land aktiv stellen, wenn es nicht an Einfluss und Gestaltungsmöglichkeiten verlieren will.

Das Verhältnis von regionaler bzw. nationaler Zuständigkeit und EU-Kompetenzen wird oft mit kommunizierenden Röhren verglichen: Jede Verlagerung nationaler Kompetenzen sei ein Souveränitätsverlust. Dabei wird aber der Zugewinn an Kompetenz durch Mitwirkung an und Mitgestaltung von Regelungen, die dann europaweit gelten, außer acht gelassen. Es entstehen neue Handlungsfelder für die Landesverwaltung bei der Mitwirkung an der Entstehung von EU-Recht, u.a. durch die Konsultationsverfahren zu Grünbüchern und Weißbüchern der Kommission, durch Stellungnahmen zu Entwürfen von Rechtsakten in den einzelnen Fachbereichen – beispielsweise bei Wasser, Abwasser, Naturschutz, Chemiepolitik, oder im Emissionshandel.

Zur Durchsetzung der eigenen Interessen reicht das klassische Verwaltungshandeln längst nicht mehr aus. Lobbying, internationale Projekte, Netzwerkbildung und Erfahrungsaustausch sind unverzichtbare Bestandteile effizienter landespolitischer Interessenvertretung geworden. Zudem besteht eine Bringepflicht der Landesregierung gegenüber den Bürgerinnen und Bürgern: Beratungs- und Informationsangebote sind Voraussetzung, um die verschiedenen wirtschaftlichen und sozialen Akteure im Land bei der Wahrnehmung der europäischen Bezüge in ihren Tätigkeitsfeldern zu unterstützen. Zur Erfüllung dieser Aufgaben ist die systematische Erhöhung der Europaqualifikation der Landesbediensteten, einschließlich ihrer Fremdsprachenkenntnisse, unabdingbar. Diesen Ansatz verfolgt die Landesregierung auch mit dem Ziel, mehr Mitarbeiter aus unserer Region in europäischen Institutionen erfolgreich einsetzen zu können. So wurde z. B. ein Entsendemodell für die Personalentsendung in unser Verbindungsbüro entwickelt, nach dem die einzelnen Mitarbeiter – bis auf eine kleine Kernmannschaft der

Staatskanzlei – regelmäßig zwischen den Fachressorts in Magdeburg und dem Brüsseler Büro wechseln. Es wurde eine Hospitation für junge Landesbeamte im Verbindungsbüro als Außenprobezeit eingeführt. Die zeitweilige Verwendung von Landesbediensteten in EU-Institutionen bzw. in Europa-Abteilungen der Bundesressorts wird durch einen Personalkostenpool erleichtert. An der Universität Magdeburg ist ein berufsbegleitender Europäischer Fortbildungs-Studiengang in Vorbereitung.

Rechtsgrundlagen

Der im Zuge der Ratifikation des Maastrichter Vertrages eingeführte Europa-Artikel des Grundgesetzes eröffnet den Ländern bekanntlich umfangreiche Mitwirkungsrechte in EU-Angelegenheiten über den Bundesrat. Dies betrifft die grundsätzliche Zustimmung zu Vertragsänderungen ebenso wie die Mitwirkung an der Festlegung der deutschen Verhandlungsposition zu EG-Rechtsakten. Nicht zuletzt wird damit verhindert, dass durch Kompetenzübertragung auf die europäische Ebene eine schleichende Aushöhlung der Länderzuständigkeiten und damit des föderalen Systems insgesamt erfolgt. Die Norm orientiert sich dynamisch an der innerstaatlichen Kompetenzverteilung: Wenn es im Zuge der Föderalismusreform zu Verschiebungen im Kompetenzgefüge zwischen Bund und Ländern kommt, wird der Grad der EU-Mitwirkung quasi automatisch angepasst.

Zusätzlich ist im Ausführungsgesetz zu Artikel 23 GG festgelegt, dass die Länder im Rahmen ihrer staatlichen Aufgaben und Befugnisse neben ihrer Mitwirkung über den Bundesrat auch unmittelbare Verbindungen zu EU-Institutionen unterhalten können. Sie nehmen durch politische Kontakte zu EU-Vertretern an den Meinungsbildungsprozessen in Brüssel unmittelbar teil. Hierzu bedienen sie sich ihrer Verbindungsbüros in Brüssel. Daneben nutzen die deutschen Länder wie alle europäischen Regionen die Möglichkeiten, die der Ausschuss der Regionen und der Kontakt zu den jeweiligen Mitgliedern des Europäischen Parlaments bietet.

Dieses innerstaatliche Beteiligungsverfahren ist sehr integrationsfreundlich. Die deutschen Länder haben bereits im Kontext von Maastricht auf die Idee einer zweiten, regionalen Kammer des Europäischen Parlaments verzichtet. Wir sind auch im Vorfeld der neuen Verfassung davon ausgegangen, dass regionale Mitwirkung in Brüssel, regionale Mitbestimmung aber vorrangig in den Mitgliedstaaten und nach deren unterschiedlicher innerstaatlicher Ordnung stattfinden soll.

Auch die Ausgestaltung des sachsen-anhaltischen Landesrechts verdeutlicht, dass es sich bei der Europapolitik längst um eine Pflichtaufgabe des staatlichen Handelns und der Verwaltung handelt. Dies wird in der täglichen Praxis oft noch verkannt: Die Präambel der Landesverfassung bestimmt als Staatsziel, Sachsen-Anhalt „... zu einem lebendigen Glied ... der Gemeinschaft aller Völker zu gestalten". Artikel 1 Absatz 1 hebt die „europäische Völkergemeinschaft" besonders hervor. Die Artikel 62, 68 und 69 ordnen die Mitwirkung in EU-Angelegenheiten und die internationalen Aktivitäten des Landes organisch in die gesamte Tätigkeit der Landesregierung ein. Der Ministerpräsident übernimmt im Rahmen seiner Richtlinienkompetenz und seiner Außenvertretungsbefugnis eine besondere Verantwortung.

Aus diesem Grund wurde die Zuständigkeit für internationale und EU-Angelegenheiten in der Staatskanzlei angesiedelt und seit 2003 in einer eigenen Abteilung gebündelt. Mit dem Gesetz vom 30. November 2004 und der dazugehörigen Vereinbarung, die am 1. Juni 2005 in Kraft trat, wird das Zusammenwirken von Landesregierung und Landtag auf der Grundlage von Artikel 62 Landesverfassung im Detail geregelt. Die Landesregierung übermittelt dem Landtag alle EU-Vorlagen des Bundesrates und gibt ihm so Gelegenheit zur Stellungnahme. Auf Verlangen werden zusätzliche Dokumente der europäischen Institutionen zur Verfügung gestellt. Wenn die Gesetzgebungszuständigkeiten des Landes berührt sind, berücksichtigt die Landesregierung die Stellungnahme des Landtages maßgeblich, auch wenn dazu keine rechtliche Bindung besteht. Abweichende Positionierungen der Landesregierung werden gegenüber dem Landtag begründet.

Föderalismusreform

Durch die Föderalismusreform wird auch das Bund-Länder-Verhältnis in EU-Angelegenheiten eine Weiterentwicklung erfahren. Dabei ist allen Beteiligten klar, dass das Ergebnis einen Gesamtkompromiss darstellt. Die Reform in einem Teilbereich wird also nicht nur – oder vielleicht sogar nur in geringem Maße – von den jeweiligen Reformerfordernissen in diesem Teilbereich determiniert. Dies trifft auf die Diskussionen um Artikel 23 GG besonders zu. Die Bundesregierung hat frühzeitig eine Druckkulisse aufgebaut, als ob Artikel 23 sich nicht bewährt hätte und gestrichen werden könnte. Aufgrund der bereits erläuterten grundsätzlichen Bedeutung des Europa-Artikels für den Bestand der föderalen Ordnung der Bundesrepublik waren die Länder daher gezwungen klarzustellen, dass Änderungen in diesem Sinne mit ihnen nicht erreichbar sind. Eine konstruktive Diskussion über die Vor- und Nachteile des Artikel 23 GG war unter diesen Prämissen nur sehr begrenzt möglich. Das Ergebnis der Föderalismusreform im EU-Bereich ist dennoch besser, als man zunächst erwarten konnte.

Durch Artikel 23 Absatz 6 GG (neu) und den neuen Paragraph 6 Absatz 2 des Gesetzes über die Zusammenarbeit von Bund und Ländern in Angelegenheiten der Europäischen Union (EUZBLG) wird die Übertragung der Verhandlungsführung im EU-Ministerrat neu geregelt und auf die Gebiete der schulischen Bildung, der Kultur und des Rundfunks beschränkt:

> „Wenn im Schwerpunkt ausschließliche Gesetzgebungsbefugnisse der Länder auf den Gebieten der schulischen Bildung, der Kultur oder des Rundfunks betroffen sind, wird die Wahrnehmung der Rechte, die der Bundesrepublik Deutschland als Mitgliedstaat der Europäischen Union zustehen, vom Bund auf einen vom Bundesrat benannten Vertreter der Länder übertragen. Die Wahrnehmung der Rechte erfolgt unter Beteiligung und in Abstimmung mit der Bundesregierung; dabei ist die gesamtstaatliche Verantwortung des Bundes zu wahren."

Wenn sonstige ausschließliche Gesetzgebungsbefugnisse der Länder betroffen sind (beispielsweise im Innen-Bereich), übt der Vertreter der Bundesregierung in Abstimmung mit einem Vertreter der Länder im Ministerrang die Verhandlungsführung aus. Dies wird im neuen § 6 Absatz 2 des Gesetzes über die Zusammenarbeit von Bund und Ländern in Angelegenheiten der Europäischen Union (EUZBLG) geregelt.

Dieses Zugeständnis der Länder ist bedauerlicherweise bisher ebenso wenig gewürdigt worden wie die im Begleittext zu Artikel 23 Absatz 6 GG (neu) vorgesehenen praktischen Verbesserungen der europapolitischen Zusammenarbeit von Bund und Ländern. Darin geht es insbesondere um die verbesserte gegenseitige Information zwischen Bund und Ländern im Vorfeld von EU-Vorhaben zur frühzeitigen Identifizierung prioritärer bzw. potenziell strittiger Initiativen, um die Einbringung deutscher Positionen im Vorfeld von EU-Vorhaben sowie um allgemeine Maßnahmen zur Verbesserung der europapolitischen Handlungsfähigkeit der Bundesrepublik insgesamt.

Noch weitreichender sind die neuen Regelungen zur EU-Haftung (Art. 104 a Abs. 6 GG) und zum nationalen Stabilitätspakt (Art. 109 Abs. 5 GG). Durch Artikel 104 a Abs. 6 GG (neu) wird ein jahrelanger Streit zwischen Bund und Ländern über Staatshaftungsfragen beigelegt:

> „Bund und Länder tragen nach der innerstaatlichen Zuständigkeits- und Aufgabenverteilung die Lasten einer Verletzung von supranationalen oder völkerrechtlichen Verpflichtungen Deutschlands. Im Falle länderübergreifender Finanzkorrekturen der Europäischen Union tragen Bund und Länder diese Lasten im Verhältnis 15 zu 85. Die Ländergesamtheit trägt in diesen Fällen solidarisch 35 v. H. der Gesamtlasten entsprechend einem allgemeinen Schlüssel; 50 v. H. der Gesamtlasten tragen die Länder, die die Lasten verursacht haben, anteilig entsprechend der Höhe der erhaltenen Mittel. Das Nähere regelt ein Bundesgesetz mit Zustimmung des Bundesrates."

Für die Haftungsverteilung zwischen Bund und Ländern und der Länder untereinander gilt damit grundsätzlich das Prinzip der innerstaatlichen Kompetenzverteilung. Die Folgen einer Pflichtverletzung sollen grundsätzlich die Körperschaft (Bund oder Länder) treffen, in deren Verantwortungsbereich sie sich ereignet hat. Für Fälle länderübergreifender Finanzkorrekturen durch die EU (bspw. Anlastungsentscheidungen im Agrarbereich) im Rahmen exekutiven Fehlverhaltens gilt eine Solidarhaftung für den Bund in Höhe von 15 % als auch für die Länder in Höhe von 35 % der Gesamtlasten. Die Bundesregierung ist verpflichtet, auf Verlangen auch nur eines Landes, das von der Finanzhilfe der Europäischen Union begünstigt war, das zulässige Rechtsmittel beim EuGH einzulegen.

Der nationale Stabilitätspakt (Art. 109 Abs. 5 GG) regelt die gemeinsame Verantwortung von Bund und Ländern zur Einhaltung der Maastrichter Kriterien der Euro-Währungsunion:

> „Verpflichtungen der Bundesrepublik Deutschland aus Rechtsakten der Europäischen Gemeinschaft aufgrund Art. 104 EG-Vertrag zur Einhaltung der Haushaltsdisziplin sind von Bund und Ländern gemeinsam zu erfüllen. Sanktionsmaßnahmen der Europäischen Gemeinschaft tragen Bund und Länder im Verhältnis 65 zu 35. Die Ländergesamtheit trägt solidarisch 35 v. H. der auf die Länder entfallenden Lasten entsprechend ihrer Einwohnerzahl; 65 v. H. der auf die Länder entfallenden Lasten tragen die Länder, die die

> Lasten verursacht haben, entsprechend ihrem Verursachungsbeitrag. Das Nähere regelt ein Bundesgesetz mit Zustimmung des Bundesrates."

Ein Anteil in Höhe von 65% des auf die Länder entfallenden Gesamtanteils wird horizontal entsprechend der Defizitverteilung im Anlastungsjahr auf die Länder verteilt werden. Er beinhaltet damit erstmals eine Mithaftung der Länder – auch eine solidarische Mithaftung der Länder, die die Kriterien des Stabilitätspakts einhalten – für EU-Sanktionen, die durch die deutschen Haushaltsdefizite ausgelöst werden.

Europapolitische Schwerpunkte Sachsen-Anhalts

Für die Europapolitik Sachsen-Anhalts im Jahr 2005 hat die Landesregierung am 22. Februar 2005 auf der Basis einer Analyse der Arbeitsprogramme von Rat und Kommission folgende Schwerpunkte beschlossen:

Ratifizierung der Europäischen Verfassung erfolgreich voranbringen

Dazu gehören die Ratifikation des EU-Verfassungsentwurfs, die Anpassung der innerstaatlichen Mitwirkungsrechte der Länder in EU-Angelegenheiten sowie eine verstärkte europapolitische Öffentlichkeitsarbeit über den Inhalt des EU-Verfassungsvertrages.

Reform der Struktur- und Wettbewerbspolitik für den Förderzeitraum 2007-2013 abschließen

Darunter versteht die Landesregierung die aktive Begleitung der Verhandlungen über die künftigen Strukturfonds-Verordnungen und über die Leitlinien für Regionalbeihilfen, das Lobbying für eine ausreichende Mittelausstattung der EU-Strukturpolitik, insbesondere für Regionen mit Entwicklungsrückstand und die vom statistischen Effekt betroffenen Regionen sowie den Beginn des landesinternen Programmierungsprozesses zur Vorbereitung der neuen Förderperiode.

Auswirkungen der Erweiterung meistern, Beitrittsprozess Bulgariens und Rumäniens unterstützen

Sachsen-Anhalt betreibt mit dieser Zielrichtung den Ausbau der interregionalen Vernetzung mit den neuen EU-Mitgliedstaaten durch Verstetigung der Regionalpartnerschaften, darunter zu Bulgarien. Es sieht darin auch einen Beitrag zur Vorbereitung der bulgarischen Regionen auf den Beitritt zur EU.

Beteiligung an europäischen Förderprogrammen vor allem in den Bereichen Forschung, Bildung, Kultur und Jugend erhöhen

Wir beteiligen uns im wohlverstandenen Eigeninteresse an der Debatte über die künftige Ausgestaltung der Förderprogramme der EU in den Bereichen Forschung, Bildung, Kultur und Jugend. Informationsveranstaltungen und Beratungsangebote über die neue

Programmgeneration im Land sollen dazu genutzt werden, die Beteiligungsrate von Institutionen und Einrichtungen aus Sachsen-Anhalt zu erhöhen.

Landesinteressen im Rahmen der industriepolitischen Agenda der Europäischen Union einbringen

Der Beitrag des Landes zur Reform der europäischen Chemikalienpolitik wird weitergeführt. Ziel ist die Vereinbarung eines akzeptablen Kompromisses für eine praktikable, mittelstands-freundliche und den Umwelt- und Verbraucherinteressen entsprechende Gesetzgebung (REACH). Dazu werden der Dialog mit der Chemieindustrie des Landes fortgesetzt und gemeinsame Aktivitäten im Europäischen Netzwerk der Chemieregionen entwickelt.

Weiterentwicklung des Verbindungsbüros in Brüssel zu einem „Haus der Regionen".

Die von Sachsen-Anhalt erworbene Liegenschaft für sein Verbindungsbüro wird umfassend rekonstruiert und zu einem Zentrum interregionaler Kooperation und Begegnung entwickelt.

Umsetzung europapolitischer Schwerpunkte in Aktivitäten

In der effizienten europapolitischen Interessenvertretung spielt die so genannte Vorfeldarbeit eine besondere Rolle. Sie bildet den Schwerpunkt der Arbeit des Brüsseler Verbindungsbüros, denn der Aufwand zur Beeinflussung europäischer Rechtsakte ist in der Entstehungsphase wesentlich geringer als im Gesetzgebungsverfahren selbst. Das ist auch eines der Probleme der Mitwirkung der Länder über den Bundesrat: Er erreicht mit seinen Stellungnahmen erst in einer relativ späten Verhandlungsphase – wenn die Position der Kommission schon feststeht – die Bundesregierung und über diese den Rat. Wesentlich effizienter kann daher „Vorfeldarbeit" in Brüssel sein, wie die Anwesenheit zahlreicher Lobbyisten und Interessenverbände in der Europäischen Hauptstadt belegt. Dies erfordert jedoch neben der frühzeitigen und „europakonformen" Definition der eigenen Interessen auch besonders geeignetes Personal, das in den ostdeutschen Ländern immer noch knapp ist. Hinzukommen die Beteiligungsmöglichkeiten im Vorfeld der Europäischen Rechtsetzung. Die Kommission hat parallel zur Veröffentlichung der Grünbücher und Weißbücher neue Konsultationsverfahren per Internet eingeführt, in denen im Vorfeld auf die Rechtsetzungsvorschläge Einfluss genommen werden kann. Diese Verfahren werden von der innerstaatlichen Länder-Mitwirkung in EU-Angelegenheiten nicht erfasst (die Stellungnahmen des Bundesrates richten sich an die Bundesregierung). Die Länder müssen noch klären, wie sie in Zukunft mit diesen und anderen Formen europäischer „Governance" umgehen werden.

Als Binnenregion in Deutschland hat sich Sachen-Anhalt in den vergangenen Jahren intensiv für die Förderung der interregionalen Zusammenarbeit in Europa eingesetzt. Dies geschah auch aus der Erkenntnis heraus, dass wirksame Interessenvertretung in Europa insbesondere für relativ kleine Länder und Regionen nie im Alleingang, sondern nur im Zusammenwirken mit Gleichgesinnten die „kritische Masse“ hervorbringen kann, die für die Einflussnahme auf europäische Meinungsbildungsprozesse unabdingbar ist.

Ergebnis sind große Kooperationsprojekte mit Regionen in der EU, die entweder einen Beitrag zur Kooperation in den Bereichen Wirtschaft (KMU), Forschung und Innovation leisten oder gleichgerichtete Interessenlagen auf EU-Ebene artikulieren:

- Mit den Regionen Limburg/NL, Valencia/E und Nordost England/UK wird derzeit das EU-weit größte Kooperationsprogramm zur Förderung von Unternehmenskontakten und zum Erfahrungsaustausch in der Mittelstandspolitik durchgeführt (INTERREG III C-Projekt „TouriSME“).
- Die Investitionsbank Sachsen-Anhalt nimmt an einem Netzwerk teil, um mit öffentlichen Finanzdienstleistern in Europa neue Konzepte zur Bereitstellung von Finanzinstrumenten für die Cluster-Bildung und neuer Förderinstrumente im Rahmen der Strukturfonds zu entwickeln.
- Das von Sachsen-Anhalt initiierte Netzwerk der Chemieregionen ist ein Paradebeispiel für eine gemeinsame Interessenvertretung in industriepolitischen Fragen vergleichbarer Regionen in Europa.

Die Regionalpartnerschaften des Landes sollen u.a. dazu dienen, die Kooperation im Bereich Forschung und Entwicklung, Innovation und im Zulieferbereich zu intensivieren, gemeinsame Projekte im Rahmen der europäischen Förderpolitik einzubringen und für den Einsatz der Strukturfonds nach 2006 Ideen und Anregungen zu liefern sowie Erfahrungen bei der Entwicklung der Förderstrategien auszutauschen.

Auch das mit der deutschen Ost-West-Verwaltungshilfe vergleichbare Twinning-Programm der EU-Kommission ist ein wichtiges europapolitisches Betätigungsfeld für Sachsen-Anhalt. Es ermöglicht nicht nur die Heranführung der künftigen EU-Mitglieder an europäische Rechts- und Verwaltungsstandards in relativ kurzer Zeit, sondern ist zugleich wesentliches Element des „Monitoring“ über die Konsequenz, mit der die neuen Mitglieder EU-Recht anwenden. Zugleich sind die durch die Experten vor Ort erworbenen Zugangsmöglichkeiten zu den politischen und administrativen Schaltstellen der jeweiligen Staaten auch ein idealer „Türöffner“ für künftige Wirtschaftskontakte, wenn sie zielstrebig und ausdauernd genutzt werden. Sachsen-Anhalt hat Twinning-Projekte der EU zum Verwaltungsaufbau in den baltischen Staaten, in Polen, Tschechien, Ungarn, Rumänien, Bulgarien und Slowenien durchgeführt, ein Projekt in der Türkei zum Thema Abfallwirtschaft wird derzeit vorbereitet. Im Falle von Litauen sind aus den Twinning-Projekten im Bereich Landwirtschaft Tierexporte (Rinder, Schafe) sowie Exporte von Labortechnik, Saat- und Pflanzgut realisiert worden. An das Projekt in der Türkei werden angesichts des riesigen Investitionsbedarfs der Türkei auf dem Gebiet der Abfallwirtschaft ebenfalls hohe Erwartungen geknüpft. Der Kontakt mit dem Verband der Abfall- und Entsorgungswirtschaft besteht bereits.

Als Fazit ist festzustellen, dass Regionen wie Sachsen-Anhalt auf vielfältige Weise in europäische Entscheidungsprozesse eingebunden werden können. Sei es über die nationalen Beteiligungsverfahren, sei es über ihre Abgeordneten im Europäischen Parlament, über den Ausschuss der Regionen, die politischen Kontakte zu EU-Vertretern oder andere Kanäle. Bei der Wahrnehmung ihrer Interessen konkurrieren sie mit einer Vielzahl anderer Akteure (Interessenverbände, Vereinigungen, Lobbyisten), die die europäische Politik ebenfalls zu beeinflussen versuchen. Damit hat das staatliche Verwaltungshandeln auf der Ebene der Länder und Regionen eine völlig neue Dimension gewonnen. Europäische Politik ist längst keine Domäne einzelner Spezialisten mehr. Europäische Politik ist Bestandteil aller Fach- und Politikbereiche.

Effiziente Interessenvertretung muss daher auf langfristigen Politikstrategien basieren:

- Nur wer eigene Schwerpunkte setzt, kann Erfolge erreichen.
- Vergleichsweise kleine Regionen müssen sich in Europa vernetzen, um beachtet zu werden. Sie erreichen dann oft mehr als große Regionen allein.
- Kooperatives Handeln auf allen Ebenen (regional, national und auf EU-Ebene) ist Voraussetzung für glaubwürdige Interessenvertretung.
- Ausreichende „Europakompetenz“ der Landesbediensteten ist dabei der zentrale Erfolgsfaktor.

Was bleibt vom deutschen Föderalismus? Die Reföderalisierungsdebatte in Deutschland und der Verfassungsprozess in Europa

Klaus Detterbeck

1. Einleitung

Die Rückgewinnung politischer Handlungsfähigkeit – das ist die Quintessenz zweier parallel geführter Verfassungs- und Kompetenzdebatten, die die bundesdeutsche Politik über die letzten Jahren intensiv geführt hat: In Deutschland wird bereits seit Ende 1998 über eine Neuordnung der Bund-Länder-Beziehungen verhandelt, auf europäischer Ebene ist spätestens mit dem Gipfeltreffen in Nizza im Jahre 2000 die Diskussion über die Zukunft der Union eröffnet worden.

2004/05 traten beide Debatten in eine entscheidende Phase – und scheiterten. In Berlin sah sich die Bundesstaats-Kommission aus Bundestag und Bundesrat im Dezember 2004 trotz weitreichender Einigungen unfähig, ihre Differenzen in der Bildungspolitik auszuräumen; in Brüssel hatten sich die Staats- und Regierungschefs der EU zwar im Juni 2004 auf einen Verfassungsvertrag geeinigt, der Ratifikationsprozess in den Mitgliedsstaaten kam jedoch im Frühsommer 2005 nach den gescheiterten Referenden in Frankreich und den Niederlanden zum Erliegen. Während der europäische Verfassungsprozess derzeit keine Perspektive zu besitzen scheint, schreitet die Föderalismusreform in Deutschland mittlerweile wieder mit großen Schritten voran, getragen von der im Herbst 2005 ins Amt gekommenen Großen Koalition, die nach interner Einigung nun alle Mittel daran setzt, diese „Mutter der Reformen" gegen innerparteiliche und externe Widerstände durchzuboxen.

Führende Vertreter der deutschen Bundesländer hatten bereits früh auf den inneren Zusammenhang der beiden Reformdebatten verwiesen. Das Argument lautete, dass es wenig ergiebig sei, politische Zuständigkeiten auf einer Ebene erstreiten zu wollen, wenn sie zeitgleich auf einer anderen Ebene verloren gingen. In der EU eine wirksame Durchsetzung des Subsidiaritätsprinzips zu fordern, mache nur dann Sinn, wenn es auch im deutschen Bundesstaat zu einer Entflechtung der Aufgaben komme. Eine solche Entflechtung zwischen EU, Bund und Ländern sei jedoch notwendig als Voraussetzung für eine aktive Standortpolitik der Länder im Wettbewerb der europäischen Regionen.

Es sind die Protagonisten der „starken" Länder, in erster Linie die Ministerpräsidenten von Baden-Württemberg (Teufel), Bayern (Stoiber), Hessen (Koch) und Nordrhein-Westfalen (Clement, Steinbrück), die von Beginn an als „Modernisierer" in beiden Debatten für eine klarere Trennung der politischen Ebenen eingetreten sind.[1] Im Bundes-

1 Die Forderungen der Modernisierer sind prägnant formuliert worden in einem Positionspapier von 1999. Vgl. „Modernisierung des Föderalismus – Stärkung der Eigenverantwortung der Länder". Gemeinsame Positionen der Ministerpräsidenten der Länder Baden-Württemberg, Bayern und Hessen zur Notwendigkeit einer leistungs- und wettbewerbsorientierten Reform des Föderalismus. Bonn, 8. Juli 1999.

staat geht es ihnen programmatisch um die Durchsetzung eines Modells des kompetitiven Föderalismus, das Wettbewerb und Unterschiedlichkeit der Gliedstaaten betont und das als angemessene Reaktion auf veränderte Rahmenbedingungen durch die Vereinigung, die Europäisierung und die Globalisierung propagiert wird. In Europa sehen sie eine bessere Abgrenzung der Zuständigkeiten zwischen der Union und den Mitgliedsstaaten als probates Mittel, die Skepsis der Bevölkerung vor einem wenig kontrollierbaren „Brüsseler Zentralismus" zu mildern, die Autonomie der Mitgliedsstaaten, gerade auch angesichts der Osterweiterung der EU, zu schonen und den Regionen politischen Spielraum zu verschaffen.

Die „Modernisierer" fordern mehr politischen und ökonomischen Wettbewerb im Bundesstaat, mehr Kompetenzen für die Länder und mehr Entflechtung der Zuständigkeiten zwischen EU, Bund und Ländern. Diese Forderungen kennzeichnen einen Reformansatz, der einem Pfadwechsel für den deutschen Föderalismus wie auch für die Europapolitik der Länder gleichkommt. Was bliebe vom kooperativen Föderalismus, sollten sich die Modernisierer letztlich auf beiden Ebenen mit ihren Vorstellungen durchsetzen?

Um diese Frage zu beantworten, werde ich im folgenden:

- den bisherigen Pfad des deutschen Föderalismus skizzieren, um die Qualität des geforderten Wandels deutlich zu machen (2),
- die Ursachen für diesen Paradigmenwechsel ausmachen (3),
- eine vorläufige Bilanz des Modernisierungsprojektes ziehen (4).

In der Konklusion (5) werde ich versuchen, die vorangegangene Diskussion zu bündeln. Im Ausblick ist dabei zu fragen, ob ein partieller Erfolg der Modernisierer, wie er sich derzeit auf der bundesstaatlichen Ebene abzeichnet, ihrer Zielvorstellung der vermehrten Handlungsfähigkeit der Politik gerecht werden kann. Oder anders gewendet: Wie ertragreich ist eine Entflechtung der nationalen Kompetenzen bei einer weiterhin diffusen Kompetenzverteilung innerhalb der Europäischen Union?

2. Der traditionelle Pfad des deutschen Föderalismus[2]

Das herausragende Merkmal des deutschen Föderalismus ist die enge Verflechtung zwischen Bund und Ländern. Im Gegensatz zu anderen klassischen Föderalstaaten wie der Schweiz oder den USA herrscht nicht eine Aufgabentrennung nach Politikbereichen vor, sondern eine funktionale Aufgabenteilung, die eine gesamtstaatliche Kooperation nach sich zieht. Bei der Gesetzgebung gibt es einen Vorrang bundeseinheitlicher Regelungen. Die Länder besitzen wenig eigenständige legislative Kompetenzen, verfügen jedoch mit dem Bundesrat über ein höchst effektives Instrument der Teilhabe an der Bundespolitik. Für den Gesetzesvollzug sind hingegen primär die Länder zuständig. Der Spielraum der Verwaltungen ist dabei jedoch durch detaillierte, bundeseinheitliche Vor-

2 Der Beitrag verzichtet auf einen detaillierten Nachweis der Sekundärliteratur. Im Anhang wird auf zentrale Quellen verwiesen, die eine weitere Beschäftigung mit dem Thema ermöglichen.

gaben eingeschränkt. Beide Ebenen des politischen Systems sind somit voneinander abhängig, keine wesentliche politische Entscheidung kann ohne Zustimmung der jeweils anderen Seite getroffen werden. Der deutsche Bundesstaat ist daher gekennzeichnet durch ein dichtes Netz an Aushandlungsgremien und einer intensiven Koordination von Fachpolitiken zwischen Bundes- und Länderexekutiven, komplettiert durch eine Selbstkoordination der Länder („Dritte Ebene") in den ihnen noch verbliebenen Politikbereichen, etwa in der Bildungspolitik durch die Kultusministerkonferenz. Das zentrale politische Ergebnis der Politikverflechtung ist die Orientierung an der einvernehmlichen Lösung, die auch Reformen sehr stark von einem Konsens über geplante Veränderungen abhängig macht. Die Modernisierer fokussieren in ihrer Kritik insbesondere auf diese Beharrungstendenz des verflochtenen Föderalismus.

Der Grad an bundesstaatlicher Verflechtung war im Zeitverlauf nicht statisch, die Verfassungsreform von 1969 etwa brachte mit dem Steuerverbund und den Gemeinschaftsaufgaben eine erhebliche Ausweitung der Aufgabenverschränkung. Allerdings war bereits 1949, wie auch in den früheren deutschen Verfassungen von 1871 und 1919, eine enge Kooperation der politischen Ebenen vorgesehen. Somit lässt sich ganz eindeutig von einem traditionellen Pfad des deutschen Föderalismus reden, der über kurzfristige politische Mehrheitsverhältnisse hinausreicht.

Die „Mission" des deutschen Föderalismus in der Nachkriegszeit lag dabei weniger in einer Bewahrung der regionalen Unterschiedlichkeit als vielmehr in der Herstellung „einheitlicher Lebensverhältnisse", wie dies in Artikel 72 (2) des Grundgesetzes formuliert worden ist.[3] Zielvorgabe der handelnden Akteure war es, durch institutionelle Kooperation der politischen Ebenen und durch das Gebot der bündischen Solidarität, das etwa im Finanzausgleich zum Ausdruck kommt, zu bundesweit gleichen staatlichen Leistungen und einem einheitlichen Wirtschaftsraum unter relativ ähnlichen Wettbewerbsbedingungen zu gelangen. So stand die Föderalismusreform von 1969 unter der keynesianischen Maßgabe der zentralen politischen Steuerung der wirtschaftlichen und gesellschaftlichen Entwicklung Deutschlands. Dabei war das Ziel weniger der „verkappte Einheitsstaat" als vielmehr eine intensive Machtverschränkung der Ebenen durch ein System der gegenseitigen Kontrolle von Bund und Ländern, das geprägt wird von vielfältigen Beteiligungsrechten und von gemeinsam ausgeübten Kompetenzen. Der kooperative Föderalismus der Nachkriegszeit mit seinem hohen Verflechtungsgrad ist nur verständlich vor dem Hintergrund einer relativ hohen sozialen und wirtschaftlichen Homogenität Westdeutschlands, einer prinzipiellen Konsensorientierung der politischen Eliten sowie einer Dominanz des politischen Prozesses durch föderal organisierte Parteien, die bei Konflikten zwischen den Ebenen und Gliedstaaten intern vermitteln konnten.

Die Europäische Integration hat spätestens ab Mitte der 1980er zu einer Ausweitung des bundesstaatlichen Beteiligungsföderalismus auf die deutsche Europapolitik geführt. Die Länder konnten, nach längeren Bemühungen, anlässlich der Ratifizierungen der Einheitlichen Europäischen Akte (1986/87) und des Vertrages von Maastricht (1992/93)

3 Bei der Revision des Grundgesetzes von 1994 wurde dieses Gebot durch die Formel der Herstellung „gleichwertiger Lebensverhältnisse" etwas abgeschwächt.

Mitspracherechte durchsetzen, die ihren innerstaatlichen Kompetenzen entsprechen. Die Neufassung des Artikels 23 Grundgesetz von 1994 sieht eine Beteiligung der Länder über den Bundesrat vor, der je nach Politikbereich verpflichtende Stellungnahmen abgibt oder die deutsche Position in den EU-Gremien vertritt. Wie im Bundesstaat haben die Länder damit in der Europapolitik den Verlust an eigenständigen Kompetenzen kompensiert durch die Mitwirkung an der Bundespolitik. Wie im Bundesstaat führt dies zu einer Beteiligung der Länderexekutiven über den Bundesrat bei einer weitgehenden Ausschaltung der Landtage.

3. Die Ursachen des Paradigmenwechsels

Der kooperative Föderalismus, insbesondere die Institution des Bundesrates, galt lange Zeit als Erfolgsgarant der deutschen Politik. Seit Mitte der 1990er wurde jedoch eine Reformdebatte angestoßen, die medienwirksam von einer Kritik an der mangelnden Reform- und Problemlösungsfähigkeit, den Blockadetendenzen und der Intransparenz des politischen Systems getragen wurde. Das ursprüngliche Reformlager bestand dabei zum einen aus den vornehmlich unionsgeführten Regierungen der „starken" Bundesländer, zum anderen aus gesellschaftlichen Akteuren liberal-konservativer Provenienz, wie Vertretern der Wirtschaftsverbände, der bürgerlichen Presse und der parteinahen Stiftungen. Mittlerweile hat der Reformdiskurs die engeren parteipolitischen Grenzen durchbrochen und es herrscht nahezu Konsens darüber, dass sich der deutsche Föderalismus veränderten Rahmenbedingungen anpassen muss. Was dies jedoch im Detail bedeutet, darüber besteht weiterhin Uneinigkeit.

Als Ursachen für die Reformdebatte können drei Herausforderungen an das deutsche System unterschieden werden:

- gestiegene Interessendivergenzen zwischen den Ländern,
- vermehrte Steuerungs- und Effizienzprobleme des verflochtenen Föderalismus,
- Vertiefung der Europäische Integration.

Die bereits in den 1980ern sich öffnende und durch die deutsche Vereinigung deutlich verstärkte Kluft zwischen den Bundesländern hinsichtlich ihrer wirtschaftlichen Entwicklungsdynamik und ihrer sozialen Problemlagen hat einen der Grundpfeiler des kooperativen Föderalismus, den Interessenausgleich zwischen den Ländern, aufgeweicht. Der Streit um den Finanzausgleich hat gezeigt, wie schwierig es ist, die Solidarität unter den Ländern angesichts der zunehmenden Heterogenität ihrer Interessen aufrechtzuerhalten. Im Juli 1998 legten Baden-Württemberg und Bayern eine Klage beim Bundesverfassungsgericht gegen die ihrer Ansicht nach überzogene Nivellierung der Finanzkraft der Länder durch den horizontalen Finanzausgleich ein, der sich Hessen wenige Monate später anschloss. Dem Urteilsspruch aus Karlsruhe folgt im Juni 2001 eine Einigung zwischen Bund und Ländern, die ein stärkeres finanzielles Engagement des Bundes bei der Bewältigung der Kosten der Einheit einerseits und eine gewisse Absenkung der Abschöpfung überdurchschnittlicher Steuereinnahmen bei den reichen Ländern andererseits, erbrachte. Das Streben nach mehr finanzieller Autonomie wurde von den „Südländern“ mit zwei zentralen Argumenten begründet. Zum einen wurde betont, dass durch die Abflachung des Finanzausgleiches der Erfolg oder Misserfolg der landesspezifischen Wirtschafts- und Finanzpolitik für die Bürger transparenter und damit politisch folgenreicher würde. Zum anderen wurde ein wachsender Bedarf an finanziellen Spielräumen konstatiert, um für eine dezentral geplante Standortpolitik Mittel zur Verfügung zu haben. Für die schwächeren Länder wurden Übergangslösungen vorgeschlagen: finanzielle Anreizstrukturen sollen darauf zielen, deren ökonomische Situation durch Anpassungsprozesse zu verbessern. Das Beispiel belegt somit sehr deutlich Prozesse der Entsolidarisierung der Länder. Auch in anderen Politikbereichen, etwa bei der Wirtschaftsförderung, der Energie- oder der Priviatisierungspolitik, haben die Länder seit den 1990ern vermehrt nach individuellen Lösungen gestrebt. Somit hat sich auch ohne verfassungsrechtliche Reformen bereits eine stärkere Ausdifferenzierung der Länderpolitik ergeben.

Eine deutliche Divergenz hat sich auch im Verhältnis der Länder zum Bund entwickelt. Für die „neuen Länder“, die sehr viel stärker auf Hilfen des Bundes angewiesen sind, stellt sich der Anspruch des Bundes, für „gleichwertige Lebensverhältnisse“ zu sorgen, ganz anders da als für die westdeutschen Flächenstaaten, insbesondere die gutsituierten „Südländer“. Davon getrennt ist wiederum die Situation der drei Stadtstaaten zu bewerten.

Die gewachsene Heterogenität der Länder führt weiterhin zu einer Zunahme der Steuerungs- und Effizienzprobleme im kooperativen Föderalismus. Die anhaltende Haushaltskrise aller politischen Ebenen verschärft die Probleme, indem sie Spielräume verengt. Der Bund etwa verliert die Möglichkeit, durch finanzielle Zusagen schwierige Verhandlungen mit Mitteln der „goldenen Zügel“ zu retten. Einvernehmliches Handeln, wie es der Beteiligungsföderalismus fordert, wird schwieriger, da sich die Interessen der Beteiligten weniger leicht aggregieren lassen. Die föderale Machtverschränkung, gedacht als Anreiz zu Kompromisslösungen, kann unter diesen Bedingungen die Gefahr der Blockade bergen. Die gewollt starke Position des Bundesrats bindet die Durchführung grundlegender Reformen an das Vorhandensein eines gemeinsamen politischen Willens. Die zunehmenden Disparitäten und Konflikte zwischen den reicheren und den ärmeren Ländern, zwischen Flächen- und Stadtstaaten, zwischen SPD- und Unionsregierten Ländern erschweren jedoch die Ausbildung eines solchen Konsenses. Wenn politische Lösungen gefunden werden, verschärft sich die Gefahr der Einigung auf den kleinsten gemeinsamen Nenner. Die alte Kritik am Beteiligungsföderalismus, dass einvernehmliche Lösungen regelmäßig zu suboptimalen Politikergebnissen führen würden, scheint unter den Bedingungen der territorialen Disparität und Heterogenität an Gewicht zu gewinnen. Je stärker sich die Länder voneinander unterschieden, um so stärker können gemeinsame Regelungen ineffizient werden, da sie unterschiedliche Bedarfslagen nicht flexibel abdecken können. Hessen hat andere regionale Bedingungen als Brandenburg oder Hamburg und braucht daher, so das Argument, dezentrale politische Rahmensetzungen. Eine zentrale Steuerung sei kaum in der Lage, endogene Entwicklungspotentiale der einzelnen Länder zu fördern. Durch die Schaffung des europäischen Binnenmarktes und die Globalisierung der Märkte sei der geschlossene deutsche Wirtschaftsraum endgültig „entgrenzt“ worden und bundeseinheitliche Regelungen damit zu inflexibel für die konkrete Konkurrenzsituation einzelner Regionen oder Branchen. Chancengleichheit unter diesen Bedingungen bestehe gerade darin, bei unterschiedlichen Ausgangslagen der Länder Raum für landesspezifische Regelungen zu lassen. Die stärkeren Länder, daran lassen die Modernisierer wenig Zweifel, fühlen sich in ihrer Dynamik beschränkt durch die Erfordernis, politische Vorhaben stets an den Kapazitäten der schwächeren Gliedstaaten auszurichten.

Die Vertiefung der Europäische Integration als dritte Herausforderung an den deutschen Föderalismus verstärkt noch die Wirkungen der gewachsenen Heterogenität der Länder. Zwar haben es die Länder aufgrund der starken Stellung des Bundesrates und mittels eines geschlossenen Handelns vermocht, durch die Neufassung des Artikels 23 GG innerstaatliche Mitwirkungsrechte an der deutschen Europapolitik durchzusetzen. Die vermehrten Interessendivergenzen unter den Ländern erschweren jedoch eine aktiv gestaltende Rolle des Bundesrates bei europäischen Fragen. Wiederum sind es die leistungsstärkeren Länder, die seit Mitte der 1990er einen Kurswechsel in der Europapolitik vollzogen haben.

Im Mittelpunkt ihrer Bemühungen – ob bei den Vertragsrevisionen von Amsterdam (1996/97) und Nizza (1999/2000) oder bei den Debatten des Europäischen Konvents (2002/03) – steht nun eine stärkere Abgrenzung der Zuständigkeiten zwischen der EU, dem Bund und den Ländern. Statt mehr Beteiligung an der europäischen Politik geht es um die Rückgewinnung von Kompetenzen und deren Bewahrung durch die Errichtung von „Schutzzäunen“, primär durch eine wirksame Durchsetzung des Subsidiaritätsprinzips in der EU: Die höhere politische Ebene soll nur dann tätig werden, wenn die unteren Ebenen dazu nicht in der Lage sind.[4] In mehreren Entschließungen des Bundesrates wurde seit 1995 immer wieder der Zusammenhang zwischen dem Subsidiaritätsprinzip und der demokratischen Legitimation der EU, definiert im Sinne einer größeren Bürgernähe, herausgestellt. Die Länder nutzten dabei die seit Maastricht wachsende Besorgnis um die Akzeptanz des EU-Projektes durch die Bevölkerung, um ihr Anliegen zu fördern. Auch die Osterweiterung der EU und der Übergang zu Mehrheitsentscheidungen in einer wachsenden Anzahl von Politikfeldern hat dem Bemühen um die Wahrung kultureller Vielfalt und nationaler wie regionaler Spielräume neue Aufmerksamkeit verliehen.

Während die „starken“ Bundesländer mit ihrem Drängen nach Abgrenzung der Zuständigkeiten neben der Sicherung von Kernbeständen auch die Rückgewinnung von weiteren Kompetenzen, etwa in der Agrar- und Regionalpolitik, anstreben, sind die „schwachen“ Länder, insbesondere in Ostdeutschland, die ein essentielles Interesse an der Beibehaltung von EU-Subventionen in diesen Bereichen besitzen, sehr zurückhaltend bei solchen „roll back“-Initiativen. Die wohlhabenderen Länder hingegen sehen in

4 Das Subsidiaritätsprinzip der EU kennt bislang neben dem Notwendigkeits- auch den Effizienzgrundsatz. Danach soll die Union nicht nur dann tätig werden, wenn die unteren Ebenen die gesteckten Ziele nicht ausreichend erreichen können, sondern auch dann, wenn die Union diese Ziele „besser erreichen“ kann.

der Subsidiarität ein wichtiges Instrument, um ihre Konkurrenzfähigkeit im Binnenmarkt durch den Zugewinn eigener Gestaltungsmöglichkeiten zu steigern.

4. Eine vorläufige Bilanz des Modernisierungsprojektes

An diesem Punkt bieten sich nun zwei Diskussionspfade an: Man könnte zum einen über die Vor- und Nachteile der angestrebten Reformen nachdenken, zum anderen die Frage nach ihrer politischen Durchsetzbarkeit stellen. Ich möchte mich der zweiten Thematik zuwenden, um der aufgeworfenen Frage nach der Zukunft des deutschen Föderalismus näher zu kommen.

Die Schlagwörter der Modernisierer wie Entflechtung, Wettbewerb und Subsidiarität bestimmen unzweifelhaft die Melodie der Diskussion, ein radikaler Wandel hin zu einem Wettbewerbsföderalismus á la Kanada oder einer „Anglisierung" der deutschen Europapolitik ist aber nicht zu erwarten. Dafür sind die Verhandlungszwänge und Vetomöglichkeiten im verflochtenen deutschen Föderalismus und auf europäischer Ebene einfach zu groß. Wenn wir uns nun jedoch die Details der derzeitigen Reformdiskussion etwas genauer betrachten, werden wir sehen, dass ein gradueller Wandel des föderalen Systems durchaus realistisch erscheint.

Im Dezember 1998 beschlossen der Bundeskanzler und die Ministerpräsidenten der Länder – auf Initiative der CDU/CSU-regierten Länder Baden-Württemberg, Bayern, Sachsen und Thüringen –, die bundesstaatliche Aufgaben-, Ausgaben-, und Einnahmenverteilung einer kritischen Prüfung zu unterziehen. Spätestens mit der Einsetzung des Lenkungsausschusses „Föderalismusreform" mit seinen beiden Arbeitsgruppen „Finanzen" (Steuergesetzgebung, Mischfinanzierungen) und „Innerstaatliche Kompetenzordnung" (Kompetenzen, Europapolitik) im Dezember 2001 umrissen die Regierungschefs von Bund und Ländern eindeutig die Agenda der Reform. Nach der Arbeitsphase dieser Bund-Länder-Kommission legten im März bzw. April 2003 sowohl die Ministerpräsidenten-Konferenz wie auch das Bundeskabinett ihre jeweiligen, durchaus divergierenden Positionen für die anstehenden Verhandlungen fest.[5] Im November 2003 wurde, wie bereits im Dezember 1998 angedacht, eine paritätisch besetzte Kommission aus Bundestag und Bundesrat gebildet, die im monatlichen Plenum und in zwei Arbeitsgruppen (Finanzwesen, Kompetenzen) tagte.[6] Ab Sommer 2004 verlagerte sich die Arbeit der Bundesstaats-Kommission in sieben kleinere Projektgruppen, die dem Plenum berichteten. In den letzten Wochen der Beratungen erhielten die beiden Verhandlungsführer – Franz Müntefering für den Bundestag und die SPD, Edmund Stoiber für den Bundesrat und die Union – ein recht offenes Mandat, Lösungen für die noch strittigen

5 Beide Dokumente sind abgedruckt in: Rudolf Hrbek/Annegret Eppler (Hrsg.), Deutschland vor der Föderalismus-Reform. Eine Dokumentation. Europäisches Zentrum für Föderalismus-Forschung Tübingen, Occasional Papers Nr. 28, Tübingen 2003.

6 Der Bundesstaatskommission gehörten stimmberechtigt 16 Mitglieder des Bundestages und 16 Mitgliedern des Bundesrates (d. h. die 16 Ministerpräsidenten der Länder) an, die jeweils einen Stellvertreter besaßen. Beratende Funktion hatten Vertreter der Bundesregierung, der Landtage, der kommunalen Spitzenverbände sowie wissenschaftliche Sachverständige.

Themen zu finden und mit einer „Obleuterunde“ der Kommission zu erörtern. In diesen letzten Wochen des Jahres 2004 spitzte sich zwischen Vertretern des Bundes und der Länder vor allem der Streit um die Kompetenzen in der Bildungspolitik zu; am 17. Dezember 2004 mussten Müntefering und Stoiber dann das Scheitern der Verhandlungen bekannt geben. Die Große Koalition aus CDU/CSU und SPD verpflichtete sich in ihrem Koalitionsvertrag vom 18. November 2005 erneut auf eine Reform des Bundesstaates. In einer ersten Stufe der Reform sollen dabei noch 2006 die Kompetenzen zwischen Bund und Ländern neu geordnet werden; in einer anschließenden zweiten Stufe soll es dann zu einer – inhaltlich noch nicht näher bestimmten – Reform der föderalen Finanzbeziehungen kommen.

Betrachten wir nun die einzelnen Themenfelder der Reform etwas näher. Als Vorbedingung für das Zustandekommen der Bundesstaats-Kommission 2003 wurden mit der Neugliederung der Bundesländer und der Reform des Finanzausgleiches zwei wesentliche Bereiche ausgeklammert. Eine grundsätzliche Einigkeit bestand in der Zielsetzung der Kommission: Die Reform sollte ein Mehr an Gestaltungsmacht für Bund und Länder erbringen, erzielt durch eine Verringerung von Beteiligungsmacht. Als zentrales Instrument war die Entflechtung der Kompetenzen vorgesehen. Die Länder sollten mehr eigenständige Gesetzgebungskompetenzen erhalten und im Gegenzug dafür weniger Mitbestimmung in der Bundespolitik über den Bundesrat ausüben. Wie wir sehen werden, bedeutete prinzipieller Zielkonsens jedoch keineswegs eine Übereinstimmung in den konkreten Details.

Obwohl die parlamentarischen Verhandlungen noch ausstehen, lassen sich auf der Grundlage der in der Bundesstaats-Kommission erzielten Einigungen und dem in der Koalition vereinbarten Reformentwurf aus heutiger Sicht (April 2006) die folgenden Entwicklungen erkennen, die sich in fünf Themenkomplexe untergliedern lassen:

(a) Finanzen und Steuern,
(b) Gemeinschaftsaufgaben,
(c) Europapolitik,
(d) Neuordnung legislativer Kompetenzen,
(e) Zustimmungsrechte des Bundesrates.

(a) Im Bereich der Finanzen und Steuern werden sich die grundsätzlichen Weichenstellungen nicht ändern. Der Steuerverbund aller politischen Ebenen bei den wichtigsten Steuern bleibt zunächst ebenso bestehen wie der Finanzausgleich in der 2001 beschlossenen Form. Die Forderung nach variablen Steuersätzen bei den Einkommens- und Körperschaftssteuern nach Landesrecht erwies sich früh als unter den Ländern nicht konsensfähig. Die Finanzminister der Länder einigten sich per Mehrheitsbeschluss – gegen die Stimmen von Hessen, Baden-Württemberg, Nordrhein-Westfalen und Bayern – im September 2000 auf diese Linie.[7] Mit dem (unfreiwilligen) Verzicht auf mehr

7 Vgl. Punkt 2 TO: „Modernisierung der bundesstaatlichen Ordnung“ – Beratungsergebnis der Finanzministerkonferenz am 14. September 2000 in Berlin. Überraschend bot der Bund den Ländern in der Endphase der Bundesstaatskommission im November 2004 eine weitgehende Steuerautonomie bei den Steuern an, deren Aufkommen den Ländern zusteht. Die postwendende Ablehnung dieses

Steuerautonomie ist eine der zentralen Forderungen der Modernisierer zu Fall gebracht.[8] Lediglich bei der Grunderwerbssteuer sollen die Länder in Zukunft den Steuersatz selbstständig bestimmen können; zwischen Bund und Ländern ist zudem ein begrenzter Steuertausch zwischen Kraftfahrzeug- und Versicherungssteuer vereinbart worden.

(b) Auch bei den mischfinanzierten Gemeinschaftsaufgaben hält sich der Grad an Entflechtung in Grenzen. Mit dem Hochschulbau wird nur eine der sechs Gemeinschaftsaufgaben nach Art. 91a und 91b GG gestrichen; Teilbereiche, die überregional bedeutsame Forschungsbauten an Hochschulen betreffen, werden in den gemeinschaftlichen Bereich der Forschungsförderung überführt. Dieses gegenüber den vollmundigen Absichtserklärungen der Modernisierer magere Ergebnis erklärt sich durch zwei Überlegungen. Zum einen manifestierte sich auch an diesem Punkt die geringe Einigkeit der Länder, etwa hinsichtlich der Förderung der regionalen Wirtschafts- und Agrarstruktur, die gerade von den strukturschwachen Länder als unverzichtbare Unterstützung angesehen wurde. Zum anderen wurde auch die abweichende Haltung der rot-grünen Bundesregierung deutlich, die in den Mischfinanzierungen weiterhin wichtige, wenn auch partiell reformbedürftige Instrumente des kooperativen Föderalismus sah. Die Zukunft der Gemeinschaftsaufgabe Bildungsplanung gehörte zu den ungelösten Fragen, die im Dezember 2004 zum Scheitern der Bundesstaats-Kommission führte. An diesem Punkt sieht nun die Koalitionsvereinbarung eine signifikante Einschränkung der Kooperation der Ebenen vor.[9]

(c) Im Bereich der Europapolitik führte die Bundesstaats-Kommission einen harten und ergebnislosen Streit um die Mitwirkungsrechte des Bundesrates (Art. 23 GG), deren bisherige Bilanz von Bund und Ländern sehr unterschiedlich beurteilt wurde. In den Koalitionsverhandlungen wurde letztlich der Status Quo weitgehend festgeschrieben; immerhin konnte der Bund durchsetzen, dass den Länder die Delegationsführung auf europäischer Ebene nur noch in einem genau definierten Bereich – nämlich der schulischen Bildung, der Kultur und dem Rundfunk – zusteht (Art. 23 (6) GG).

Auch bei einem weiteren europapolitischen Thema konnte der Bund seine Forderungen durchsetzen: Die Bundesländer werden in die Haushaltsdisziplin des EU-Stabilitätspakt eingebunden (Nationaler Stabilitätspakt); bei Verstößen, die von der EU mit Geldbußen geahndet werden können, sollen die Länder einen Teil der Strafe auf-

---

Angebots hingegen war, angesichts der bekannten Uneinigkeit der Länder hinsichtlich dieser Fragen, letztlich vorhersehbar.

8 Vgl. Punkt 2 TO: „Modernisierung der bundesstaatlichen Ordnung“ – Beratungsergebnis der Finanzministerkonferenz am 14. September 2000 in Berlin. Überraschend bot der Bund den Ländern in der Endphase der Bundesstaatskommission im November 2004 eine weitgehende Steuerautonomie bei den Steuern an, deren Aufkommen den Ländern zusteht. Die postwendende Ablehnung dieses Angebots hingegen war, angesichts der bekannten Uneinigkeit der Länder hinsichtlich dieser Fragen, letztlich vorhersehbar.

9 Gemeinsame Bildungsplanung soll künftig nur noch in einem Bereich stattfinden, nämlich der Evaluierung der Leistungsfähigkeit des Bildungswesens im internationalen Vergleich (geplanter Art. 91b,2 GG).

bringen. Auch bei Vertragsverletzungen, etwa der Nicht-Umsetzung von EU-Richtlinien, werden die Länder künftig in die Pflicht genommen.

Europapolitisch interessant ist die Verfassungsdebatte über das Subsidiaritätsprinzip. Bereits zu einem frühen Zeitpunkt der Beratungen des Europäischen Konvents wurde deutlich, dass die Forderung der deutschen Bundesländer nach einem dualen Kompetenz-Katalog nicht mehrheitsfähig sein würde. Das Gegenargument lautete, dass eine dynamische Weiterentwicklung der EU nicht vereinbar sei mit einer strikten Zuordnung von Politikbereichen an die einzelnen politischen Ebenen. Im Verfassungsvertrag, dessen Zukunft inzwischen natürlich fraglich geworden ist, werden Kompetenzkategorien unterschieden, denen bestimmte Politikbereiche, nicht jedoch konkrete Rechtsinstrumente und somit Regelungstiefen zugewiesen werden. Wie im deutschen Bundesstaat gibt es einen breiten Bereich der geteilten Zuständigkeiten, in denen das Prinzip der Subsidiarität gelten soll. Der Subsidiaritätsartikel selbst bleibt unverändert, in einem Protokoll zur Verfassung wird jedoch ein „Frühwarnsystem" für die einzelstaatlichen Parlamente festgelegt. Jede Kammer eines nationalen Parlamentes, somit also auch der Bundesrat, kann danach Einspruch gegen eine Vorlage der Kommission erheben, wenn diese als Verstoß gegen das Subsidiaritätsprinzip angesehen wird und kann nach Rechtssetzung durch die EU auch eine Klage vor dem Europäischen Gerichtshof anstrengen. Von diesem neuen Instrument wäre einerseits eine vermehrte Konsultation der Länder in Fragen der Kompetenzverteilung zu erwarten, andererseits ein wirksamer Schutz gegen eine über-zentralistische Politik aus Brüssel. Eine verbesserte Anwendung des Subsidiaritätsprinzips würde die Länder befähigen, punktuell, etwa in Fragen der regionalen Wirtschaftsförderung und Infrastruktur, auf mehr Eigenständigkeit und Abgrenzung zu pochen. Gerade für die leistungsstärkeren Länder stellt das „Frühwarnsystem" einen wichtigen europapolitischen Erfolg dar. Dessen Realisierung wird sicherlich ein zentrales Anliegen der Europapolitik der Bundesländer in den nächsten Jahren darstellen.

(d) Ihre zentrale Aufgabe sah die Bundesstaats-Kommission in der Entflechtung der legislativen Kompetenzen. Damit sollten Handlungsspielräume eröffnet und der Ideenwettbewerb um die besten politischen Lösungen angefacht werden. Mit der Verfassungsreform von 1994 wurde versucht, die Inanspruchnahme der konkurrierenden und der Rahmengesetzgebung durch den Bund zu begrenzen: Die neue „Erforderlichkeitsklausel" sollte die Hürden für bundeseinheitliche Regelungen erhöhen und zudem über ein Klagerecht der Länder justitiabel machen. Zugleich wurde über sog. „Öffnungsklauseln" der Bund befähigt, per Bundesgesetz einzelne Zuständigkeiten an die Länder zurückzugeben. Beides erwies sich jedoch in den folgenden Jahren als relativ wirkungslos. Das Problem liegt im Kern darin begründet, dass die betreffenden Kompetenzen an alle Bundesländer in gleicher Weise fallen würden, „aber keineswegs alle Länder in gleicher

Weise dazu bereit und vielleicht finanziell auch gar nicht in der Lage sind, diese Kompetenzen auch tatsächlich wahrzunehmen".[10]

Trotz dieser bekannten Problematik setzt die Bundesstaats-Reform primär auf eine klare Verteilung der legislativen Zuständigkeiten: Die Rahmengesetzgebung wird aufgelöst, die Zuständigkeiten innerhalb der konkurrierenden Gesetzgebung mittels eines Kompetenztransfers neu geordnet. Die Entflechtung soll politische Handlungsfähigkeit und Verantwortlichkeit beider Ebenen stärken, insbesondere jedoch die autonomen Gesetzgebungsbefugnisse der Länder aufwerten. Der Gesetzesentwurf der Großen Koalition vom März 2006 zählt insgesamt 17 Materien auf, die auf die Länder verlagert werden.

Die Länder werden etwa die alleinige Zuständigkeit für Laufbahnen, Besoldung und Altersversorgung ihrer Landesbeamten erhalten. Damit können die Länder in Zukunft über die Arbeits- und Gehaltsbedingungen ihrer Bediensteten bestimmen, deren Personalkosten den größten Posten in den Länderhaushalten darstellen. Lediglich die Statusrechte und -pflichten des Beamtentums – etwa die Regelung von Arten und Dauer der Dienstverhältnisse – verbleiben in der konkurrierenden Gesetzgebung (bei Bundesvorrang und unter Zustimmungspflicht des Bundesrates). Die Länder können des weiteren durch die Reform den Strafvollzug in eigener Regie regeln, ebenso den Ladenschluss, das Versammlungsrecht, das Heimrecht für Pflegeeinrichtungen oder das Messen- und Gaststättenrecht. Über einige dieser Punkte wird in den parlamentarischen Verhandlungen noch kontrovers diskutiert werden; Kritiker befürchten zum einen den Wettbewerbsvorteil der stärkeren Länder, etwa was die mögliche Abwerbung von Beamten angeht; zum anderen eine Kosteneinsparung zu Lasten von Qualitätsstandards, etwa beim Strafvollzug oder beim Heimrecht.

In der Bildungspolitik wird die Hoheit der Länder deutlich gestärkt. So soll dem Bund künftig verfassungsrechtlich untersagt sein, mit „goldenen Zügeln" in Bereiche exklusiver Länderkompetenzen hineinzuregieren (geplanter Art. 104b GG). Dies würde das Verbot von Finanzhilfen des Bundes in der Bildungspolitik bedeuten; Förderprogramme, wie die der rot-grünen Bundesregierung für Ganztagsschulen oder für „Elite-Universitäten" wären somit unmöglich. Es deutet sich an, dass die SPD an diesem Punkt im parlamentarischen Prozess noch auf Änderungen drängen wird.

In der Hochschulpolitik verliert der Bund seine Rahmengesetzgebung und wird nur noch bei der Hochschulzulassung (d. h. dem Vergabeverfahren bei bundesweit zulassungsbeschränkten Studiengängen) und den Studienabschlüssen gesetzliche Regelungen treffen können; die Länder werden jedoch in diesen Bereichen abweichende Landesgesetze erlassen können. Die Kriterien des Hochschulzugangs, die Höhe von Studiengebühren, die Beibehaltung der Juniorprofessur oder die Voraussetzungen für Lehrstuhlberufungen werden zukünftig von den Ländern autonom bestimmt. Da auch der Hochschulbau und weite Teile der Bildungsplanung an die Länder gehen werden, ist der Bund – mit Ausnahme der Forschungsförderung (Art. 91b GG) – aus der Bildungspoli-

10 Hans-Peter Schneider, Neuordnung der Kompetenzen zwischen Bund und Gliedstaaten aus deutscher Sicht, in: Bertelsmann-Kommission Verfassungspolitik & Regierungsfähigkeit (Hrsg.): Neuordnung der Kompetenzen zwischen Bund und Gliedstaaten, Gütersloh 2001, S. 35.

tik weitgehend ausgeschlossen. Dies ist sicherlich aus Sicht des Reformflügels unter den Ländern der entscheidende Quantensprung gegenüber dem im Dezember 2004 erreichten (und für ungenügend empfundenen) Stand.

Der Bund erhält zusätzliche exklusive Kompetenzen bei insgesamt sechs Materien, etwa der Nutzung der Atomenergie oder dem Waffen- und Sprengstoffrecht. Zur Prävention terroristischer Aktivitäten wird eine ausschließliche Bundeskompetenz nach Art. 73 GG geschaffen, die direkte Ermittlungsbefugnisse für das Bundeskriminalamt (BKA) erbringen soll; entsprechenden Bundesgesetzen muss jedoch der Bundesrat zustimmen. In der konkurrierenden Gesetzgebung wird der Bund von einer Lockerung der „Erforderlichkeitsklausel" nach Art. 72 (2) GG profitieren können.[11] Wichtige Bereiche der Umweltpolitik werden aus der Rahmengesetzgebung in die konkurrierende Gesetzgebung überführt. Wie in der Hochschulpolitik, wird auch im Umweltbereich eine „Abweichungsgesetzgebung" eingeführt: Der Bund kann zwar ein Umweltgesetzbuch erlassen, die Länder können jedoch von den bundesgesetzlichen Regelungen, etwa beim Natur- und Artenschutz, mit eigenen Gesetzen abweichen. Vor dieser Abweichung geschützt sind nur die zu definierenden „Grundsätze" des Naturschutzes; wir haben es also bei diesen „abweichungsfesten Kernen" de facto mit einer Neuauflage des alten Rahmenrechtes zu tun.

Die „Abweichungsgesetzgebung", die im neuen Art. 72 (3) GG geregelt werden soll, ist eine neue Rechtsfigur im Bundesstaat. Sie wurde in den Verhandlungen bereits früh als eine der zentralen Forderungen der reformorientierten Bundesländer aufgebracht. In den Bereichen mit Zugriffsrechten wird die alte Formel „Bundesrecht bricht Landesrecht" umgedreht: Einzelne Länder können danach, wenn sie es denn wollen, Bundesrecht durch landesrechtliche Vorschriften ersetzen oder zumindest ergänzen.[12] Länder, die sich dadurch überfordert sehen oder die bundesrechtliche Regelung für vorteilhaft halten, können am Bundesgesetz festhalten. Mit einem solchen Zugriffsrecht der Länder sind Differenzierungen im Sinne eines „opting-outs" aus vereinheitlichenden Bestimmungen möglich; der von den Reformern gewünschte Raum für politische Experimente und dezentrale Lösungen ist eröffnet.

Die rot-grüne Bundesregierung hat gegen die Zugriffsrechte der Länder lange Zeit massive Vorbehalte angemeldet. Sie verwies auf die Gefahr der Rechtszersplitterung für Bürger und Wirtschaft, die mit der im Grundgesetz verankerten Gleichwertigkeit der Lebensverhältnisse unvereinbar sei. In der Bundesstaats-Kommission wurde, wohl v. a.

---

11 Mit der jetzigen Föderalismus-Reform wird die „Erforderlichkeitsklausel" für einen Teil der konkurrierenden Gesetzgebung ausgesetzt. Der Bund wird zukünftig, ohne nachweisen zu müssen, dass eine bundeseinheitliche Regelung erforderlich ist, Gesetze, etwa im Bereich des Arbeits- oder Kartellrechtes, des Seuchenschutzes oder des Apothekenwesens, erlassen können. Diese Regelung gilt auch für die Materien des neuen Art. 72, 3 GG, in denen die Länder Zugriffsrechte auf Bundesgesetze haben werden, etwa die Hochschulzulassung.

12 Neben die Umkehrung des Vorrangs setzt der Gesetzesentwurf der Koalition vom März 2006 noch eine zweite Formel, den Grundsatz „Lex posterior derogat Legi priori". Es gilt also jeweils das später erlassene Gesetz als vorrangig. Somit kann ein neues Bundesgesetz eine vom zuvor geltenden Bundesrecht abweichende Landesregelung wieder verdrängen. Abhängig von wechselnden politischen Mehrheiten könnten sich hier also sehr spannende Entwicklungen ergeben.

wegen der Vorbehalte des Bundes, das Thema Zugriffsrechte der Länder nur halbherzig aufgebracht, und letztlich gegenüber dem Versuch einer klaren Trennung der Kompetenzen für einzelne Politikfelder aufgegeben. Erst bei den Koalitionsverhandlungen von Union und SPD besann man sich auf diese Möglichkeit zurück, um in den umstrittenen Bereichen Hochschulpolitik und Umwelt zu einem Kompromiss zu gelangen. Der neue Art. 72 (3) GG bezieht sich auf insgesamt sechs Materien der konkurrierenden Gesetzgebung.

Des weiteren wird den Ländern die Möglichkeit eröffnet, von Verwaltungsverfahren, die in einem Bundesgesetz ohne Zustimmung des Bundesrates geregelt worden sind, per Landesgesetz abzuweichen (siehe unten). Die Länder gewinnen somit an Verwaltungshoheit und flexibler Umsetzung von Bundesgesetzen hinzu.[13]

(e) Als „Preis" für erweiterte Länderkompetenzen standen ab Beginn der Verhandlungen die Zustimmungsrechte des Bundesrates zur Debatte. Wenn den Ländern, so die Argumentation des Bundes, die Chance gegeben wird, ungewollte Regelungen durch eigene Landesgesetze zu revidieren, entfalle die Notwendigkeit, sie an der Bundesgesetzgebung zu beteiligen. Die Länder, gerade des Reformlagers, wollten sich diesem Gedanken nicht lange verschließen. Aber auch hier zeigten sich bald die unterschiedlichen Positionen der Länder. Während für die „schwächeren Länder" die Aussicht, Mitwirkungsrechte via Bundesrat gegen potentielle Eigenbestimmungen, die ihre Kapazitäten weiter belasten, auf breiter Front einzutauschen, nicht unbedingt verlockend war, ging es den „starken Länder" gerade darum, möglichst viel Autonomie zu gewinnen. Für die Reformer war der kritische Moment dort erreicht, wo sie den Eindruck gewannen, dass die Verluste an bundespolitischer Mitwirkung nicht kompensiert werden durch adäquate Zugewinne an landespolitischer Gestaltungsmacht. Offensichtlich war dieser Moment im Dezember 2004 gekommen, als es den Reformern nicht gelang, sich in der Bildungspolitik flächendeckend durchzusetzen.

Ein zentrales Ergebnis der Arbeit der Bundesstaats-Kommission bestand darin, die Zustimmungspflicht von Bundesgesetzen auf eine neue Basis zu stellen. Bislang wurde die Zustimmungspflicht bei einer bundesgesetzlichen Regelung des Verwaltungsverfahren ausgelöst; dies entfällt zukünftig.[14] Mit der Reform wird aber zugleich eine neue Zustimmungspflicht begründet: Der Bundesrat hat danach ein absolutes Vetorecht, wenn ein Bundesgesetz mit „erheblichen Kostenfolgen" für die Länder verbunden ist (geplanter Art. 104a, 4 GG). Ob diese Neuregelung tatsächlich – wie intendiert – zu einer signifikanten Reduzierung zustimmungspflichtiger Bundesgesetze führen wird, bleibt zumindest fraglich. Sicher scheint zu sein, dass es auch zukünftig vom politischen Willen der Mehrheit im Bundesrat abhängen wird, ob sie ein Mitwirkungsrecht einfor-

---

13 Auch die Kommunen konnten eine alte Forderung durchsetzen: Fortan können per Bundesgesetz keine Aufgaben mehr auf Gemeinden und Gemeindeverbände übertragen werden (Art. 84,1 GG).

14 Auch zukünftig wird der Bund das Verwaltungsverfahren gesetzlich regeln dürfen; die Länder können davon jedoch durch eigene Gesetzgebung abweichen (administratives Opting-out). Das Bundesgesetz wird nur dann zustimmungspflichtig, wenn es ein solches Zugriffsrecht der Länder ausschließt (geplanter Art. 84, 1 GG).

dert, indem sie auf potentielle Kostenfolgen für die Länder verweist; sicher dürfte auch sein, dass eines Tages das Bundesverfassungsgericht eine Interpretation des Terminus „erhebliche Kostenfolgen“ abliefern muss.

Die Kompetenzverteilung zwischen Bund und Ländern – insbesondere die Ansiedlung einzelner Politikfelder (v. a. Bildung, Beamtenrecht, Strafvollzug), die Frage nach der Schaffung von Zugriffsrechten der Länder und die zukünftigen Mitwirkung des Bundesrates –, hat sich zur Schlüsselfrage in der Debatte um die Reform des Bundesstaates entwickelt. Erst durch die Ausweitung ihrer legislativen Kompetenzen werden die „starken Ländern“ tatsächlich größere politische Gestaltungsfreiheit gewinnen. Sollte die Reform in der vorliegenden Form verabschiedet werden, sind rechtliche Differenzierungen in einer Vielzahl von Politikfeldern zu erwarten, der deutsche Föderalismus würde an Asymmetrie gewinnen. Mit der Verringerung des Zwanges zur Kooperation und zu einheitlichen Lösungen wird die politische Autonomie der Länder wachsen.

Als Hintergründe der Reform sind die seit der Einheit gewachsene ökonomische und sozio-kulturelle Vielfalt unter den deutschen Ländern, die Regionalisierung von Parteienwettbewerb und Koalitionsbildung, die gewachsene Bedeutung regionaler Standortpolitiken im europäischen und globalen Wettbewerb sowie die alle politischen Ebenen durchziehende Finanznot benannt worden (siehe oben). Der Veränderungsdruck erscheint so groß, dass auch traditionelle institutionelle Strukturen („Pfade“) und gewohnte Orientierungen nach Konsens und Einheitlichkeit zur Disposition stehen. Das Krisenbewusstsein hat ein „window of opportunity“ für Reformen eröffnet.

5. Konklusion: Was bleibt vom deutschen Föderalismus?

Das Scheitern der Bundesstaats-Kommission Ende 2004 reihte sich ein in eine längere Tradition gescheiterter Versuche, den deutschen Föderalismus zu reformieren. Es lag in der Logik der Entscheidungsprozeduren, dass eine Reform nur dann gelang kann, wenn sowohl Bundesregierung wie Ministerpräsidenten der Länder, mit Blick auf ihre jeweiligen institutionellen Eigeninteressen, dem Gesamtpaket genügend Vorzüge entnehmen. Politische Differenzen zwischen den Ebenen, die auch gerade im strittigen Sektor Bildungspolitik klar parteipolitische Ursachen hatte, wie auch die Heterogenität der Länderinteressen führten in den Verhandlungen zu einer schrittweisen Reduktion der Verhandlungsmasse. Die Bereiche, die den Ländern letztlich zufallen sollten, erschienen gerade dem Reformlager unter den Ländern als nur schwacher Ersatz für die im Bundesrat (anscheinend) preisgegebenen Beteiligungsrechte. Somit wurde die Bildungspolitik zu der Trophäe, die einzig attraktiv genug erschien, dem Gesamtpaket zuzustimmen – oder eben auch zur Sollbruchstelle, die Gesamtreform zu stoppen.

Die Föderalismus-Reform der Großen Koalition, auf die man sich Ende 2005 einigen konnte, ist somit ohne den Regierungswechsel kaum vorstellbar. Der weitgehende Rückzug des Bundes aus der Bildungspolitik wäre mit der rot-grünen Koalition kaum zu machen gewesen. Mit der neuen Machtkonstellation, unterstützt durch mehrere länderfreundliche Urteile des Bundesverfassungsgerichtes zur Hochschulpolitik, konnte eine Einigung zugunsten der Länder erzielt werden. Somit war dann das Gesamtpaket auch attraktiv genug für die Ministerpräsidenten der Länder; die Bundesregierung setzt auf die erhoffte Beschneidung des Bundesrates, die gelockerte Erforderlichkeitsklausel, die Zugewinne in der Europapolitik oder bei der Terrorismusbekämpfung. Und nicht zu vergessen: Die neue Bundesregierung ist – haushaltspolitisch wie programmatisch – weniger darauf erpicht, Ganztagsschulen zu fördern, Bildungsprojekte zu finanzieren oder die Hochschulpolitik zu vereinheitlichen, als dies ihre Vorgängerin war.

Die Reform der bundesstaatlichen Ordnung ist sowohl in quantitativer wie in qualitativer Hinsicht von einem Kompetenztransfer an die Bundesländer geprägt. Das Grundanliegen der Reform, die Stärkung der Länder, ist somit zumindest auf formaler Ebene geglückt. Die politische Praxis, das Handeln der Akteure im Bundesstaat wie auf europäischer Ebene, wird darüber entscheiden, ob daraus auch mehr Autonomie für die Landespolitik wird. Mit den neuen Zugriffsrechten der Länder auf Bundesgesetze („Abweichungesetzgebung“) wird ein innovativer Mechanismus eingeführt, der, wenn er sich auf den Gebieten der Hochschul- und Umweltpolitik bewährt, in Zukunft auch für weitere Politikfelder interessant sein könnte.

Es ist unverkennbar, dass die bundesstaatlichen Entwicklungen in einem engen Zusammenhang mit der Vertiefung und Erweiterung der Europäischen Union stehen. Von zentraler Bedeutung ist hierbei das Bedürfnis der Bundesländer, wie anderer Regionen in Europa, für den Wettbewerb im Binnenmarkt eine regional definierte Standort- und Strukturpolitik betreiben zu können. Da die Länder unterschiedliche Ressourcen und Potentiale besitzen, werden sie zu unterschiedlichen Entwicklungsstrategien gelangen. Die nationale Einheitlichkeit wird hierdurch zunehmend erodieren. Wir können daher eine paradoxe Entwicklung beobachten: Die wachsende Bedeutung Europas für die Mitgliedsstaaten befördert die Regionalisierung der nationalstaatlichen Politik, oder anders gewendet: Supranationale Integration und mitgliedsstaatliche Dezentralisierung gehen Hand in Hand.

Was bleibt vom deutschen Föderalismus? Dies hängt unmittelbar davon ab, was für eine Vorstellung wir von der föderalen Idee haben. Verstehen wir unter Föderalismus die Kooperation der politischen Ebenen und die Suche nach einvernehmlichen Lösungen, dann ist anzunehmen, dass diese Tendenzen in Zukunft schwächer ausfallen. Verstehen wir unter Föderalismus jedoch die weitgehende Trennung der politischen Ebenen und das Streben nach Autonomie für die Gliedstaaten, dann kann geschlossen werden, dass wir in Zukunft – ob zum Besseren oder zum Schlechteren – mit mehr Föderalismus, im Sinne von mehr Unterschiedlichkeit zwischen den Bundesländern, leben werden.

Weiterführende Literatur

Bertelsmann-Kommission Verfassungspolitik & Regierungsfähigkeit (2001): Neuordnung der Kompetenzen zwischen Bund und Gliedstaaten. Gütersloh: Bertelsmann Stiftung.

Hrbek, Rudolf & Eppler, Annegret (Hrsg., 2003): Deutschland vor der Föderalismus-Reform. Eine Dokumentation. Europäisches Zentrum für Föderalismus-Forschung Tübingen. Occasional Papers Nr. 28.

Hrbek, Rudolf & Eppler, Annegret (Hrsg., 2005): Die unvollendete Föderalismus-Reform. Eine Zwischenbilanz nach dem Scheitern der Kommission zur Modernisierung der bundesstaatlichen Ordnung im Dezember 2004. Europäisches Zentrum für Föderalismus-Forschung Tübingen. Occasional Papers Nr. 31.

Jeffery, Charlie (Hrsg., 1999): Recasting German federalism: the legacies of unification. London: Pinter.

Knodt, Michèle & Kohler-Koch, Beate (Hrsg., 2000): Deutschland zwischen Europäisierung und Selbstbehauptung. Frankfurt/M.: Campus.

Laufer, Heinz & Münch, Ursula (1998): Das föderative System der Bundesrepublik Deutschland. Opladen: Leske & Budrich.

Renzsch, Wolfgang (2000): Bundesstaat oder Parteienstaat: Überlegungen zu Entscheidungsprozessen im Spannungsfeld von föderaler Konsensbildung und parlamentarischem Wettbewerb in Deutschland, in: Holtmann, Everhard & Voelzkow, Helmut (Hrsg.): Zwischen Wettbewerbs- und Verhandlungsdemokratie. Analysen zum Regierungssystem der Bundesrepublik Deutschland. Opladen: Westdeutscher Verlag, S. 53-78.

Scharpf, Fritz W. (1994): Optionen des Föderalismus in Deutschland und Europa. Frankfurt/M.: Campus.

Scharpf, Fritz W. (2005): No exit from the joint decision trap? Can German federalism transform itself? Max-Planck-Institut für Gesellschaftsforschung, Working Paper 05/8, Köln.

Schultze, Rainer-Olaf (1999): Föderalismusreform in Deutschland: Widersprüche – Ansätze – Hoffnungen, in: Zeitschrift für Politik, 46. Jg., Heft 2, S. 173-194.

Sturm, Roland (2001): Föderalismus in Deutschland. Opladen: Leske & Budrich.

Thaysen, Uwe (2003): Der deutsche Föderalismus zwischen zwei Konventen. Zur Reform des deutschen Bundesstaates um die Jahrtausendwende, in: Aus Politik und Zeitgeschichte B 29-30/2003.

Die Wechselwirkungen zwischen europäischer und nationaler Finanzpolitik und ihre Folgen für die ostdeutschen Länder

Henrik Scheller

1. Einleitung

Im Dezember 2005 verständigten sich die Staats- und Regierungschefs der Europäischen Union nach zähen Verhandlungen auf den neuen EU-Finanzplan 2007 bis 2013. In der Bundesrepublik galt dieses Treffen des Europäischen Rates als erste große europapolitische Bewährungsprobe für die neue Bundeskanzlerin, die erst einen Monat zuvor vereidigt worden war. Dabei wurde nicht nur der Verhandlungsstil der neuen Regierungschefin aufmerksam beobachtet, sondern vor allem die Ergebnisse der Finanzverhandlungen in ihren Auswirkungen für die Bundesrepublik. Von besonderem Interesse war in diesem Kontext die Frage, ob es der deutschen Seite gelingen würde, die Nettozahlungen der Bundesrepublik an die Europäische Union zu verringern. Darüber hinaus war es vor allem die Frage nach dem Umfang der EU-Zuweisungen an die ostdeutschen Länder in der neuen Förderperiode, die die Beobachter und Kommentatoren beschäftigte. Denn aufgrund der EU-Osterweiterung im Jahr 2004 bestand unter den Ministerpräsidenten der fünf neuen Bundesländer die Sorge, dass sich ihr Anteil an den EU-Strukturfondsmitteln aufgrund der Einbeziehung der zum Teil extrem strukturschwachen und agrarisch geprägten Länder Mittelosteuropas drastisch verringern könnte. Nach einer fast schon euphorischen Bewertung der deutschen Verhandlungsführung unter Angela Merkel (CDU) stellte sich alsbald heraus, dass die Bundesrepublik ab 2007 nicht nur einen erhöhten Beitrag an die EU abführen muss, sondern dass auch die ostdeutschen Länder stärker von Mittelkürzungen betroffen sein werden, als zunächst angenommen.

Im vorliegenden Beitrag soll die neue Finanzielle Vorausschau der EU 2007 bis 2013 nicht nur isoliert in ihren Auswirkungen auf die Finanz- und Haushaltslage der ostdeutschen Bundesländer analysiert werden. Vielmehr sollen – ausgehend von der Wirtschaftsentwicklung der fünf neuen Länder, die seit Mitte der 1990er Jahre stagniert –, die finanzpolitischen Entscheidungen der EU vom Dezember 2005 in ihren Wechselwirkungen mit grundlegenden Entscheidungen der deutschen Finanzpolitik der jüngeren Vergangenheit analysiert werden. So wird die Finanz- und Haushaltslage der ostdeutschen Länder in den kommenden Jahren durch eine Reihe von Maßnahmen bestimmt, die vor allem eng mit dem neuen Solidarpakt II und dem zum 1. Januar 2005 in Kraft getretenen Finanzausgleichsgesetz (FAG) in Verbindung stehen. So werden sich z. B. die Bundesergänzungszuweisungen an die neuen Länder bis 2019 sukzessive verringern. Ein erster spürbarer Einschnitt wird dabei im Jahr 2009 zu verzeichnen sein. Die Folgen, die daraus im Zusammenspiel mit den Auswirkungen aus der neuen Finanziellen Vorausschau der EU resultieren, liegen auf der Hand: Die angespannte Haushaltslage der fünf neuen Länder und Berlins dürfte sich weiter verschärfen und der innerdeutschen Auseinandersetzung über den Finanzausgleich zwischen Bund und Ländern sowie den Aufbau Ost neue Nahrung geben. Denn aufgrund der wirtschaftlichen Entwicklung, der spezifischen Situation auf dem Arbeitsmarkt und den Besonderheiten des demographischen Wandels in Ostdeutschland besteht derzeit kaum eine Aussicht darauf, dass sich die schwache Steuereinnahmenbasis der fünf neuen Bundesländer nachhaltig verbessern wird. Darüber hinaus waren Bundestag und Bundesrat im Rahmen der Verhandlungen zur Föderalismusreform mit einer Novellierung der Mischfinanzierungen des Grundgesetzes befasst. In den Solidarpaktverhandlungen im Juni 2001 hatte der Bund diese als adäquate Förderinstrumente im Rahmen seiner Korb-II-Zusagen in Höhe von rund 51,1 Mrd. Euro benannt. Der Koalitionsvertrag der großen Koalition sieht außerdem vor, dass die Föderalismusreform in einem zweiten Schritt um eine Reform der föderativen Finanzbeziehungen ergänzt werden soll – auch wenn der Rahmen für eine solche Reform eigentlich sehr eng gesteckt ist. Denn der Finanzausgleich zwischen Bund und Ländern sowie der Solidarpakt II sind erst im Sommer 2001 mühsam neu verhandelt worden und für beide Regelwerke ist eine Laufzeit bis 2019 vorgesehen.[1]

2. Die gegenwärtige Finanzlage der ostdeutschen Bundesländer

Will man die Wechselwirkungen zwischen den finanzpolitischen Entscheidungen auf der europäischen und der nationalen Ebene in ihren Folgen insbesondere für Ostdeutschland analysieren, so ist zunächst eine Bestandsaufnahme der gegenwärtigen finanziellen Lage der fünf neuen Länder hilfreich. Bereits eine solche Betrachtung liefert erste Erklärungsansätze für die zum Teil heftigen politischen Auseinandersetzungen um den Erhalt bisher gewährter Finanzzuweisungen, da diese in ihrem Zusammenwirken nicht selten einen zentralen Beitrag zur finanziellen Existenzfähigkeit der neuen Länder leisten. Eigentümlicherweise werden die dabei zu Tage tretenden Disparitäten sowohl zwischen alten und neuen sowie unter den neuen Bundesländern selber in der deutschen Föderalismusdiskussion nicht selten ausgeblendet. Nach wie vor wird kaum ausreichend in Rechnung gestellt, dass sich die vergleichbar homogene Struktur der deutschen Bundesländer, die bis zur deutschen Wiedervereinigung bestand, in massive Strukturunterschiede verkehrt hat.

Im Jahr 2004 lag die durchschnittliche Steuerquote der fünf neuen Länder (ohne Umsatzsteuerverteilung) nach wie vor lediglich bei rund 38,5 Prozent des Bundesdurchschnitts und schwankte dabei zwischen 43,3 Prozent in Brandenburg und 36,7 Prozent in Sachsen-Anhalt. Im Vergleich dazu betrug die Steuerquote des nächst finanzschwächsten Bundeslandes Niedersachsen 81,4 Prozent[2]. Die Steuerdeckungsquote der

1 Mittlerweile liegen die ersten Positionspapiere zur zweiten Stufe der Föderalismusreform vor. Vgl. dazu u. a.: Chefs der Staatskanzleien von Bayern, Baden-Württemberg, Hessen, Hamburg, Nordrhein-Westfalen und Sachsen: „Pakt für Fairness, finanzpolitische Solidität und Generationengerechtigkeit"; Juni 2006. Aber auch: BR-Drucksache 462/06 vom 7. Juli 2006: „Offene Themensammlung zu einer Reform der Bund-Länder-Beziehungen (2. Föderalismusreformstufe), S. 16f.

2 BMF 2005: Bund-Länder-Finanzbeziehungen auf der Grundlage der geltenden Finanzverfassungsordnung, Ausgabe 2005, S. 46.

ostdeutschen Länder, also der Anteil an den Gesamtausgaben eines Landes, der durch Steuereinnahmen finanziert wird, betrug 2004 zwischen 47,9 Prozent in Brandenburg und 43,1 Prozent in Mecklenburg-Vorpommern. Im Vergleich dazu lag die durchschnittliche Steuerdeckungsquote der alten Bundesländer bei 69,6 Prozent und wies dabei im Geberland Bayern mit 75,7 Prozent einen Spitzenwert auf. Vor diesem Hintergrund verwundert es kaum, dass auch 2004 noch immer rund 85 Prozent der gesamten Transferleistungen, die im Finanzausgleich zwischen Geber- und Nehmerländern umverteilt wurden, nach Ostdeutschland flossen. Dabei ist die überproportionale Finanzkraft, die bei den fünf neuen Ländern nach Durchführung des Finanzausgleichs erreicht wird, politisch so gewollt. Auf diese Weise soll der notwendige Aufholprozess insbesondere im infrastrukturellen Bereich ermöglicht werden.

Die Steuerkraft der fünf neuen Länder wird nicht zuletzt durch die hohe Arbeitslosigkeit beeinflusst. 2004 lag die Arbeitslosenquote in Ostdeutschland insgesamt bei 18,4 Prozent und war damit mehr als doppelt so hoch wie in den alten Bundesländern, wo sie durchschnittlich 8,5 Prozent betrug. Die ost-deutschen Quoten wiesen dabei eine Variationsbreite zwischen 20,5 Prozent in Mecklenburg-Vorpommern und 16,7 Prozent in Thüringen auf.[3] Eine weitere besorgniserregende Entwicklung in der Finanz- und Haushaltslage der ostdeutschen Länder besteht in der drastisch gestiegenen Verschuldung, die in den vergangenen 15 Jahren entstanden ist. So ist die Pro-Kopf-Verschuldung der fünf neuen Flächenländer (einschließlich der Kommunen, aber ohne Berlin) zusammengenommen von 391 Euro im Jahr 1991 auf 6.060 Euro pro Einwohner im Jahr 2003 angestiegen.[4] Sachsen-Anhalt nahm dabei in diesem Zeitraum die meisten Kreditmarktschulden auf, da sich diese von 375 auf 7.889 Euro pro Kopf erhöhten. Sachsen hingegen hatte mit 382 auf 3.816 Euro pro Einwohner den niedrigsten Verschuldungsanstieg zu verzeichnen. Außer Konkurrenz liegt Berlin, dessen Pro-Kopf-Verschuldung in den Jahren 1991 bis 2003 von 2.323 auf 14.368 Euro pro Einwohner angestiegen ist.[5] Das Land hofft deshalb inzwischen auf eine Anerkennung seiner „extremen Haushaltsnotlage" durch das Bundesverfassungsgericht und entsprechende Finanzzuweisungen bzw. eine (Teil-)Entschuldung durch den Bund. Es liegt auf der Hand, dass mit dem Anstieg der Verschuldung auch die Zinsausgabenquoten der neuen Länder, also der Anteil an den Gesamtausgaben eines Landes, der für Zinsen aufgebracht werden muss, stark angestiegen sind und in den meisten Fällen die westdeutschen Vergleichsquoten übertreffen. An der Spitze liegen Sachsen-Anhalt und Brandenburg mit einer Zinsausgabenquote von 8,3 bzw. 8,1 Prozent. Nur das Saarland und der Stadtstaat Bremen, die sich seit 1994 ebenfalls in einer durch das Bundesverfassungsgericht anerkannten „extremen Haushaltsnotlage" befinden, wiesen mit 11,2 bzw. 11,4 Prozent noch deutlich höhere Quoten auf. Betrachtet man die Schuldenstände der neuen Länder, so ist vor allem der

3 Bundesministerium für Wirtschaft und Arbeit (BMWA) 2005: Wirtschaftsdaten neue Länder, Berlin, Oktober 2005, S. 2.

4 Zentrale Datenstelle der Länder (ZDL) 2004: Haushaltsstruktur der Länder/Gemeinden – Schulden am Kreditmarkt, Oktober 2004.

5 BMF 2005: Bund-Länder-Finanzbeziehungen auf der Grundlage der geltenden Finanzverfassungsordnung, Ausgabe 2005, S. 39.

vergleichsweise kurze Zeitraum zu berücksichtigen, in dem dort mittlerweile deutlich höhere Verbindlichkeiten eingegangen worden sind, als in den alten Bundesländern seit Bestehen der Bundesrepublik. Dies lässt einen doppelten Schluss zu: Entweder waren die Folgekosten der deutschen Teilung weitaus höher, als ursprünglich angenommen. In der Konsequenz hieße das, dass selbst die geleisteten Milliardentransfers des Bundes und der anderen Länder nicht ausreichend waren, um diesen zusätzlichen Anstieg an Kreditmarktanleihen zu verhindern. Eine andere Argumentation zielt – wie in der derzeitigen Diskussion immer stärker zu beobachten – auf die verhältnismäßig großen Verwaltungshaushalte der ostdeutschen Bundesländer mit entsprechenden Personal- und Sachausgaben. Danach hätten die entsprechenden Länder über „ihre Verhältnisse gelebt" und es in den vergangenen Jahren versäumt, Personal abzubauen. Beide Erklärungsansätze greifen jeweils für sich genommen zu kurz. Denn eine Ursachenanalyse zur Verschuldungsentwicklung der neuen Länder einschließlich Berlins wird naturgemäß keine monokausalen Erklärungsansätze liefern, aus denen sich einfache Folgerungen zum Umgang oder gar zur Behebung dieser Problematik ableiten ließen.

Die hier nur skizzierte Verschuldungsproblematik ist auch deshalb so brisant, weil sich in den neuen Bundesländern gleichzeitig schon heute die Folgen des demographischen Wandels spürbar bemerkbar machen. Bereits in den vergangenen fünfzehn Jahren seit der deutschen Wiedervereinigung hat Ostdeutschland insgesamt rund 1,8 Mio. Einwohner verloren, wobei vor allem die Abwanderung und die deutsch-deutsche Binnenwanderung besonders ins Gewicht fallen.[6] Dabei haben Mecklenburg-Vorpommern und Sachsen jeweils rund 11 Prozent, Thüringen 10 Prozent und Sachsen-Anhalt sogar 14 Prozent seiner Bevölkerung verloren. Nur in Brandenburg und Berlin blieben die Einwohnerzahlen aufgrund der Stadt-Umland-Problematik annäherungsweise konstant.[7] Bis 2020 gehen die Prognosen für die ostdeutschen Länder – in unterschiedlichen Szenarien – von einem nochmaligen Rückgang der Bevölkerungszahlen in etwa gleicher Höhe aus. Hinzu kommt, dass sich durch den starken Geburtenrückgang und die Abwanderung von meist jungen Menschen auch die Altersstruktur in den fünf neuen Bundesländern stark verändern wird. Durch den Rückgang z. B. von Kinder- und Schülerzahlen und dem zeitgleichen Anstieg von älteren und pflegebedürftigen Menschen werden sich zum einen Veränderungen im Bereich der staatlichen Pflichtaufgaben ergeben. Zum anderen hat die Abnahme der Bevölkerungszahl in Ostdeutschland direkte finanz- und haushaltspolitische Auswirkungen, da diversen Regelsystemen der deutschen Finanzverfassung der „abstrakte Bedarfsmaßstab" des Einwohners als Verteilungsmechanismus zugrunde liegt: Mit jedem Einwohner, der ein ostdeutsches Bundesland verlässt, erhöht sich dessen Pro-Kopf-Verschuldung. Gleichzeitig sinken das Steueraufkommen und die Zuweisungen aus dem Finanzausgleich zwischen Bund und Ländern. Genau auf diesen Zusammenhang hat der Ministerpräsident von Sachsen-Anhalt, Wolfgang Böh-

6 Deutsches Institut für Wirtschaftsforschung (DIW) 2004: Bevölkerungsentwicklung in West- und Ostdeutschland – Vorausschätzungen bis 2050. Wochenbericht 33/04.

7 Vgl. dazu: „Demographischer Wandel in Ostdeutschland: Auswirkungen und ausgewählte Handlungsansätze" Gemeinsamer Bericht der Länder Berlin, Brandenburg, Mecklenburg-Vorpommern, Sachsen, Sachsen-Anhalt und Thüringen. Undatiert.

mer (CDU), in seiner jüngsten Regierungserklärung vor dem Magdeburger Landtag mit großer Nüchternheit hingewiesen: „Die Bevölkerungsentwicklung ist rückläufig, sowohl durch eine negative Wanderungsbilanz als auch wegen eines deutlich höheren reproduktiven Defizits. Innerhalb des innerdeutschen Finanzausgleichs müssen wir mit einem Ausgleichsverlust von 2.155 Euro pro Einwohner rechnen. So hatten wir 2004 alleine durch Einwohnerrückgang gegenüber 2003 auf diesem Weg Mindereinnahmen von 61,4 Millionen Euro".[8]

3. Der neue EU-Finanzplan und seine Folgen für die ostdeutschen Bundesländer

Im Dezember 2005 einigten sich die Staats- und Regierungschefs auf die neue Finanzielle Vorausschau der EU für die Jahre 2007 bis 2013. Diese sieht eine Ausgabenobergrenze für die EU-27 in Höhe von 862,363 Mrd. Euro bzw. 1,045 Prozent des Bruttonationaleinkommens (BNE) der EU vor.[9] Die abschließende Einigung zur Finanziellen Vorausschau der EU wurde allerdings erst am 17. Mai 2006 nach langwierigen Auseinandersetzungen zwischen der EU-Kommission, dem Europäischen Rat und dem Europäischen Parlament verabschiedet, nachdem das Parlament zuvor die Dezember-Vorlage des Rates abgelehnt und entsprechende Nachbesserung verlangt hatte. Die schlussendlich gefundene Kompromisslösung sieht eine nochmalige Erhöhung des Budgetrahmens der EU um 2 Mrd. Euro auf 864,4 Mrd. Euro vor, wodurch 1,05 Prozent des BNE erreicht werden.

Die ersten Analysen und Bewertungen des neuen EU-Finanzrahmens fallen zu Recht ernüchternd aus, weil es die Staats- und Regierungschefs einmal mehr nicht geschafft haben, eine grundlegende Umkehr in der Ausgabenstruktur des Unionshaushaltes vorzunehmen.[10] Auch in den kommenden Jahren werden weit mehr als 75 Prozent der EU-Mittel in die Bereiche Agrar- und Strukturförderung fließen. Im Kontext der hier untersuchten Fragestellung können die anderen Ausgabeposten des neuen EU-Finanzplans eher vernachlässigt werden, obwohl sich darunter durchaus zarte Ansätze für eine gewisse Neuausrichtung der EU-Finanz- und Haushaltspolitik erkennen lassen – wenn auch auf einem finanziell äußerst niedrigen Niveau. Im Folgenden soll deshalb der Fokus insbesondere auf die Ausgabenblöcke der EU gelenkt werden, von denen die ostdeutschen Bundesländer am meisten profitieren.

Als übergeordnete Zielsetzung für die EU-Strukturpolitik der kommenden Jahre verständigten sich die Staats- und Regierungschefs in der neuen Finanziellen Vorausschau darauf, „die Unterschiede im Entwicklungsstand der verschiedenen Mitgliedstaaten und

8 Böhmer, Wolfgang 2006: „Sachsen-Anhalt auf dem Weg in eine solidarische Leistungsgesellschaft", Regierungserklärung vom 8. Juni 2006, Pressemitteilung Nr. 273/2006, S. 2.

9 Vgl. dazu Rat der Europäischen Union 2005: Finanzielle Vorausschau 2007–2013, Brüssel, 19. Dezember 2005; 15915/05.

10 Ausführlichere Analysen des neuen EU-Finanzrahmens finden sich u. a. bei: Seiler, Hans-Werner 2006: Die Finanzielle Vorausschau 2007–2013: Grundlage für eine handlungsfähige EU? In: Wirtschaftsdienst 2006, Heft 3, S. 175 ff.; Becker, Peter 2006: Fortschreibung des Status Quo – Die EU und ihr neuer Finanzrahmen Agenda 2007. In: integration 2/2006, 29. Jg., S. 106ff.

Regionen zu verringern“ und damit die wirtschaftliche und soziale Kohäsion in den Mittelpunkt der europäischen Förderpolitik zu rücken. Dies entspricht auch Art. 158 des EG-Vertrages von Nizza, der eine Verringerung der „Unterschiede im Entwicklungsstand der verschiedenen Regionen“ als Ziel postuliert. Als Instrument zur Umsetzung dieses Ziels dient nach Art. 160 EGV insbesondere der Europäische Fonds für regionale Entwicklung (EFRE). Neben einer Fokussierung auf die „am wenigsten entwickelten Regionen und Mitgliedstaaten“ sieht die neue Finanzielle Vorausschau der EU außerdem vor, dass auch „zufrieden stellende Übergangsregelungen“ für „diejenigen Regionen und Mitgliedstaaten“ gefunden werden sollen, die den „größten Beitrag für diese Konzentration leisten“.[11] Damit dürften nicht zuletzt die Bundesrepublik und die ostdeutschen Länder gemeint sein. Die Kohäsions- und Strukturfondsmittel finden sich im neuen EU-Finanzrahmen unter der Oberrubrik „Nachhaltiges Wachstum“. Dort sind sie unter der Teilrubrik 1b „Kohäsion mit Blick auf Wachstum und Beschäftigung“ verzeichnet. Für diese Teilrubrik haben die Staats- und Regierungschefs im Zeitraum 2007 bis 2013 jährlich durchschnittlich rund 43 Mrd. Euro und damit insgesamt rund 308,041 Mrd. Euro vorgesehen. Diese sollen für die drei Ziele „Konvergenz“ (81,7 Prozent bzw. 251 Mrd. Euro), „regionale Wettbewerbsfähigkeit und Beschäftigung“ (15,8 Prozent bzw. 48,7 Mrd. Euro) sowie „territoriale Zusammenarbeit“ (2,4 Prozent bzw. 7,5 Mrd. Euro) ausgegeben werden.

Um das Konvergenz-Ziel zu erreichen sieht der entsprechende „Vermerk des Vorsitzes“ vor, dass die „Konvergenz der am wenigsten entwickelten Regionen und Mitgliedstaaten“ beschleunigt werden soll.[12] Der von der Kommission bereits im Juli 2004 vorgelegte „Vorschlag für eine Verordnung des Europäischen Parlaments und des Rates über den Europäischen Fonds für regionale Entwicklung“ beschreibt das Konvergenz-Ziel konkreter. Danach soll gemäß Art. 4 der Entwurfsfassung im Rahmen des Konvergenz-Zieles eine Konzentration der EFRE-Mittel vorgenommen werden – insbesondere mit Blick auf die „Unterstützung einer nachhaltigen integrierten regionalen und lokalen Wirtschaftsentwicklung, indem das endogene Potenzial durch Programme mobilisiert und gestärkt wird, die auf die Modernisierung und Diversifizierung der regionalen Wirtschaftsstrukturen“ abzielt. Die von der Kommission angestrebte Konzentration der EFRE-Mittel wird allerdings in gewisser Weise durch die weitgefasste Enumeration von Teilbereichen konterkariert, in denen eine Förderung zugelassen wird. Dazu zählen u. a. die Bereiche „Forschung und technologische Entwicklung (FTE), Innovation und Unternehmergeist einschließlich der Stärkung der regionalen FTE-Kapazitäten“ – vor allem auch in kleineren und mittleren Unternehmen (KMU). Daneben sollen aber auch Bereiche wie Informations- und Kommunikationstechnologie, Umwelt, Risikoverhütung, Fremdenverkehr, Verkehrsnetze und Energie sowie der Bereich Bildung gefördert werden, um so zur „Steigerung der Attraktivität und der Lebensqualität in den Regionen“ beizutragen.[13]

11 Ebd. (Fn. 8) 2005, S. 7.

12 Ebd. (Fn. 8) 2005, S. 9.

13 EU-Kommission 2004: Vorschlag für eine Verordnung des Europäischen Parlaments und des Rates über den Europäischen Fonds für regionale Entwicklung, KOM (2004) 495; 2004/0167 (COD), S. 7.

Dieser weit gesteckt Fokus ist auch mit Blick auf die hier im Mittelpunkt stehende Frage nach den Wechselwirkungen zwischen europäischer und nationaler Finanzpolitik von Interesse: Natürlich lässt sich einerseits die Zweck-Mittel-Relation und die damit verbundene Zielereichung der EU-Strukturförderung hinterfragen, da für die Verwirklichung dieser Förderziele im Zeitraum 2007 bis 2013 lediglich 251 Mrd. Euro zur Verfügung stehen. Diese Summe muss zudem auf strukturschwache Regionen in allen 25 Mitgliedstaaten der Europäischen Union verteilt werden, innerhalb derer eine Spanne beim Pro-Kopf-BIP zwischen 30 und 75 Prozent des Gemeinschaftsdurchschnitts besteht. Andererseits zielt der Ansatz der EU nicht nur auf eine Stärkung des „wirtschaftlichen, sozialen und territorialen Zusammenhalt" und einen Abbau der regionalen Disparitäten, sondern auch auf eine „Diversifizierung der regionalen Wirtschaftsstrukturen". Darin unterscheidet sich die EU-Strukturförderung deutlich vom Aufbau Ost und den Verwendungsauflagen für den Korb I des Solidarpakts, der auch in den kommenden Jahren den Löwenanteil der innerdeutschen Transferzahlungen ausmachen wird. Zwar zielt auch der Aufbau Ost auf eine Angleichung der Lebensverhältnisse und der Disparitäten zwischen alten und neuen Bundesländern. Dabei wird aber nach wie vor von einem einheitlichen Vergleichsniveau ausgegangen, dass möglichst 2019 mit dem Auslaufen des Solidarpakts II erreicht werden soll. Die Forderung nach einer Anerkennung (und Förderung) von regionalen Potenzialen, Eigenarten und Unterschieden wird hingegen nach wie vor nicht selten als Angriff auf den Verfassungssatz von der Wahrung der „Einheitlichkeit der Lebensverhältnisse" verstanden. Und dies, obwohl es sich dabei weder um ein Verfassungsgebot noch eine Staatszielbestimmung handelt. Zudem stellen die (formal) beschränkten Verwendungsmöglichkeiten der Solidarpaktmittel für Investitionen im Infrastrukturbereich die ostdeutschen Bundesländer zusehends vor Probleme, da – wie unten noch ausführlicher zu zeigen sein wird – der Streit um eine vermeintliche Fehlverwendung dieser Bundeszuweisungen für nicht investive Zwecke die Kluft zwischen finanzstarken und finanzschwachen Ländern in der Bundesrepublik immer weiter verschärft. Angesichts der oben skizzierten Strukturprobleme der fünf neuen Bundesländer und Berlins, stellt sich deshalb die Frage nach einer besseren Verzahnung von Aufbau Ost und EU-Strukturförderung in der neuen Förderperiode 2007 bis 2013.

Anspruch auf Fördermittel im Rahmen des Konvergenz-Zieles (früheres Ziel-1) sollen Regionen der NUTS-Ebene 2 haben, deren Pro-Kopf-BIP weniger als 75 Prozent des Durchschnitts der EU-25 beträgt. Insbesondere hier bestand bei den ostdeutschen Ministerpräsidenten die Sorge, dass ihre Länder aufgrund des so genannten „statistischen Effekts" deutlich über dem EU-Durchschnitt liegen würden und damit keinen Anspruch mehr auf Fördermittel hätten. Denn durch die Einbeziehung der zum Teil extrem strukturschwachen Neumitglieder der EU in die Berechnungen zur Verteilung der Strukturfondsmittel, wären die ostdeutschen Bundesländer nur rechnerisch „reicher" geworden. Die Ministerpräsidenten der fünf neuen Länder und Berlin konnten in dieser Frage durch eine geschickte Lobbyarbeit unter Einbeziehung der verantwortlichen EU-Kommissare und der Bundesregierung ihre Interessen allerdings weitgehend durchsetzen. Denn bereits im Vorfeld zu den Verhandlungen der EU-Staats- und Regierungschefs im Dezember 2005 hatten sie einen Vorschlag zu einer für ihre Länder akzeptablen „Phasing-out-Regelung“ eingebracht, der für den Fall greifen sollte, dass ein vollständiger Erhalt des Ziel-1- bzw. „Konvergenz“-Status nicht konsensfähig sein würde.[14] Die Finanzielle Vorausschau der EU sieht nun vor, dass Regionen, die unter den Richtwerten der EU-15 weiterhin als Konvergenzgebiete betrachtet worden wären, in Zukunft aber aufgrund des „statistischen Effekts“ über 75 Prozent des neuen EU-25-BIP-Durchschnitts liegen, im Jahr 2007 „im Interesse der Gerechtigkeit“ und um den „Konvergenzprozess“ zu vollenden 80 Prozent ihrer „individuellen Pro-Kopf-Beihilfeintensität des Jahres 2006“ erhalten. Dieser Betrag soll bis 2013 linear abgesenkt werden, so dass diese Regionen danach zu der Gruppe gehören, die unter Zugrundelegung der Kriterien der Zielgruppe „regionale Wettbewerbsfähigkeit und Beschäftigung“ gefördert wird.[15] Selbst für die wenigen ostdeutschen Wachstumsregionen wie Leipzig, Halle und Südwestbrandenburg, die schon jetzt – auch ohne den „statistischen Effekt“ – über der entscheidenden 75-Prozent-Marge liegen, ist eine gesonderte „Phasing-out-Regelung“ vorgesehen.[16]

Die Vergabe der Strukturfördermittel durch die EU an die einzelnen Mitgliedstaaten „*sollte* auf einer objektiven Methode beruhen“ (kursiv nur hier). Gleichwohl zeigt sich an der im Dezember-Vermerk des Vorsitzes vorgesehenen Berechnungsmethode der Kompromisscharakter der neuen Finanziellen Vorausschau der EU mit all seinen Fragwürdigkeiten. So ergeben sich die Zuweisungen an die Mitgliedstaaten aus der Summe der Zuweisungen für seine einzelnen förderfähigen Regionen, „wobei diese Summe auf der Grundlage des relativen und nationalen Wohlstands und der Arbeitslosenquote“ in mehreren Schritten zu berechnen ist.[17] Im Anschluss daran erhalten Regionen, deren Arbeitslosenquote überdurchschnittlich hoch ist, eine „Prämie von 700 EUR pro arbeitsloser Person für die Zahl der Arbeitslosen, die über der Quote aller Konvergenzregionen liegt“. Inwieweit diese Regelung möglicherweise auch Fehlanreize setzt, muss sich in Zukunft zeigen.[18] Daneben sieht alleine die Vergabe von Strukturfondsmittel unter dem Dach der Teilrubrik 1b „Kohäsion mit Blick auf Wachstum und Beschäftigung“ 18 Ausnahmeregelung für einzelne Regionen der EU-Mitgliedsstaaten vor. Auch deshalb kann kaum von einer objektiven Vergabemethode gesprochen werden, zumal ein Teil dieser Zuweisungen einfach fortgeschrieben worden ist.

Welche Auswirkungen und Folgen wird der neue Finanzplan der EU für die Jahre 2007 bis 2013 für die ostdeutschen Länder haben? Zum gegenwärtigen Zeitpunkt ist eine exakte Quantifizierung der einzelnen Ausgabeposten der EU noch nicht möglich, da die detaillierte Aufstellung für die kommenden Jahre in jährlichen Haushaltsplänen erst noch durch die Kommission erfolgen muss. Auch wenn zwischen dem Rat, der Kommission und dem Parlament der EU mittlerweile eine Interinstitutionelle Vereinba-

---

14 Vgl. dazu: Ergebnisprotokoll der 30. Regionalkonferenz der Regierungschefs der ostdeutschen Länder vom 31. Januar 2005, S. 7.

15 Vgl. Rat der Europäischen Union 2005: Finanzielle Vorausschau 2007–2013, Brüssel, 19. Dezember 2005; 15915/05, S. 14 und 15.

16 Ebd. (Fn. 14) 2005: Punkt 38 b) und 39 b), S. 14 und 15.

17 Ebd. (Fn. 14) 2005, S. 10.

18 Zu dieser Kritik siehe auch Seiler, Hans-Werner 2006: Die Finanzielle Vorausschau 2007–2013: Grundlage für eine handlungsfähige EU? In: Wirtschaftsdienst 2006, Heft 3, S. 177.

rung (IIV) ausgehandelt worden ist, die die rechtliche Grundlage der neuen Finanziellen Vorausschau bildet, sind für die Ausgabenprogramme der einzelnen Politikfelder noch zusätzlich rund 30 Verordnungen erforderlich.[19] Nichtsdestotrotz ist schon heute absehbar, dass sich die Zuweisungen der EU an Ostdeutschland um rund 26 Prozent reduzieren werden. Waren es in der auslaufenden Förderperiode 2000 bis 2006 rund 19,958 Mrd. Euro, die aus den EU-Strukturfonds in die neuen Bundesländer und Berlin aufgrund der Einordnung in die Ziel-1-Gruppe flossen, so werden es im Zeitraum von 2007 bis 2013 nur noch rund 13,3 Mrd. Euro sein.[20] Besonders profitiert haben dabei in der Vergangenheit vor allem Sachsen mit 4,694 Mrd. Euro und Sachsen-Anhalt mit 3,235 Mrd. Euro. Die wenigsten Mittel erhielt der Ostteil Berlins mit rund 729 Mio. Euro.[21] Nach ersten vorläufigen Berechnungen werden sich die EU-Finanzzuweisungen an Sachsen auf 4,175 Mrd. Euro, an Thüringen auf 2,213 Mrd. Euro, an Sachsen-Anhalt auf 2,668 Mrd. Euro, an Mecklenburg-Vorpommern auf 1,8 Mrd. Euro und an Brandenburg auf 2,277 Mrd. Euro reduzieren.[22] Dabei profitieren Sachsen, Sachsen-Anhalt und Brandenburg von den oben beschriebenen „Phasing-out-Regelungen". Dieser Sonderausgleich ist durch eine darüber hinausgehende Zusage im „Vermerk des Vorsitzes" für zusätzliche Finanzzuweisungen in Höhe von 225 Mio. Euro noch einmal unterstrichen worden. Davon sind 58 Mio. Euro für Regionen bestimmt, die lediglich aufgrund des „statistischen Effekts" über der 75-Prozent-Marge des BIP-Durchschnitts der EU liegen und damit nicht mehr Anspruch auf entsprechende Strukturfondsmittel hätten. Damit soll die Veränderung des Förderstatus finanziell abgefedert werden. Diese Regelung zählt mit zu den diversen Ausnahmetatbeständen, die die Staats- und Regierungschefs für ihre jeweiligen Länder ausgehandelt haben. Zu Recht sind diese Sonderbegünstigungen inzwischen vielfach kritisiert worden, weil die Intransparenz und die Unausgewogenheiten der Struktur- und Kohäsionspolitik der EU dadurch weiter gestiegen sind.

4. Bund-Länder-Finanzausgleich und Solidarpakt II

Im Juni 2001 verständigten sich die Ministerpräsidenten der Länder mit dem Bundeskanzler auf eine Neuauflage des Solidarpakts. Für diesen so genannten Solidarpakt II, der insgesamt 156,3 Mrd. Euro umfasst, wurde eine Laufzeit bis 2019 vorgesehen. Nach § 11 Abs. 3 FAG gewährt der Bund den fünf neuen Bundesländern und Berlin Bundes-

19 Vgl. EU-Kommission 2006: Interinstitutionelle Vereinbarung zwischen dem Europäischen Parlament, dem Rat und der Europäischen Kommission über die Haushaltsdisziplin und die Wirtschaftlichkeit der Haushaltsführung, Entwurf, undatiert.

20 Vgl. dazu auch Becker, Peter: Mehr Geld für Europa – Die Verständigung auf einen neuen EU-Finanzrahmen 2007 bis 2013. In: SWP-Aktuell 4, Januar 2006, S. 6.

21 Vgl. dazu: BMF, Referat E C 4: „EU-Mittelausstattung der Strukturfondsprogramme in Deutschland 2000 – 2006", Übersicht. Dabei sind die Mittel für die diversen Gemeinschaftsinitiativen nicht berücksichtigt, die für die fünf neuen Bundesländer eine Gesamtsumme in Höhe von etwa 566,9 Mio. Euro umfasst.

22 Vgl. dazu: Frankfurter Allgemeinen Zeitung (F.A.Z.) vom 6. Mai 2006: „Strukturförderung kann pünktlich beginnen", Nr. 101, S. 28.

ergänzungszuweisungen „zur Deckung von teilungsbedingten Sonderlasten aus dem bestehenden starken infrastrukturellen Nachholbedarf und zum Ausgleich unterproportionaler kommunaler Finanzkraft“. Diese Zweckbestimmung ist damit enger gefasst worden als die entsprechende Vorgängerregelung zum Solidarpakt I, in der nur allgemein ein „Abbau teilungsbedingter Sonderbelastungen“ vorgesehen war – ohne eine Beschränkung auf die Infrastruktur. Diese Sonderbedarfs-BEZ bilden den so genannten Korb I des Solidarpakts II. Sie sind degressiv ausgestaltet und umfassen ein Gesamtvolumen von 105,3 Mrd. Euro.[23] Der Erhalt dieser Mittel verpflichtet die Empfängerländer zur jährlichen Vorlage so genannter Fortschrittsberichte „Aufbau Ost“, die erstmalig für das Jahr 2003 erstellt werden mussten. Darin soll dem Finanzplanungsrat von Bund und Ländern Rechenschaft über die zielgerichtete Verwendung entsprechender Zuwendungen gegeben werden. Zum 1. Januar 2002 wurden zudem die Finanzmittel, die die neuen Länder zuvor im Rahmen des so genannten „Investitionsförderungsgesetzes Aufbau Ost“ (IfG) separat erhalten hatten, in die Transfersumme der Sonderbedarfs-BEZ überführt.[24] Das IfG sah Finanzhilfen des Bundes an die neuen Länder und Berlin in Höhe von 6,6 Mrd. DM pro Jahr vor. Ursprünglich war die Förderung für den Zeitraum von 1998 bis 2004 vorgesehen. Die Verwendung der Investitionshilfen war zweckgebunden und zu einem Anteil von 10 Prozent kofinanzierungspflichtig durch die neuen Länder. Rückwirkend wird die Abschaffung des IfG inzwischen in der Debatte über die vermeintliche Fehlverwendung von Solidarpaktmitteln durch die ostdeutschen Länder verschiedentlich kritisiert.[25] Ursachen der heute zu konstatierenden Fehlverwendung seien nicht zuletzt die unzureichende Zweckbindung sowie die fehlende Kofinanzierungspflicht, die Anreize für eine sparsamere Mittelverwendung setzen würden.

Der prekären Finanz- und Haushaltslage der ostdeutschen Länder hat der Bund auch im Rahmen der Hartz-IV-Gesetzgebung Rechnung getragen, indem er das Instrumentarium des Bund-Länder-Finanzausgleichs zur Schaffung eines neuen Ausgleichstatbestandes genutzt hat. In dieser Anerkennung der prekären Arbeitsmarktsituation in Ostdeutschland spiegeln sich in geradezu exemplarischer Weise die Wechselwirkungen wider, die natürlich auch für finanzpolitische Entscheidungen auf nationaler Ebene charakteristisch sind. Schon in der ersten Entwurfsfassung für das „Vierte Gesetz für moderne Dienstleistungen am Arbeitsmarkt“ waren auch Änderungen des Finanzausgleichsgesetzes (FAG) und des Solidarpaktfortführungsgesetzes (SFG) vorgesehen. Da der Bund ursprünglich die alleinige Kompetenz für das neu zu schaffende Arbeitslosen-

23 Das jährliche Gesamtvolumen dieser Bundeszuweisungen ist in Art. 5, § 11 Abs. 3 SFG in absoluten Euro-Beträgen bis 2019 festgeschrieben worden. Den jeweiligen Anteil der fünf neuen Bundesländer und Berlin am Gesamtaufkommen hat der Gesetzgeber in Form fixer Vom-Hundert-Sätze normiert.

24 Gesetz zum Ausgleich unterschiedlicher Wirtschaftskraft und zur Förderung des wirtschaftlichen Wachstums in den neuen Ländern (Investitionsförderungsgesetz Aufbau Ost) vom 23. Juni 1993 (BGBl. I S. 944, 982), zuletzt geändert am 9. September 1998 (BGBl. I S. 2858). Die hier angeführte Umwandlung der bisher im Rahmen des Investitionsförderungsgesetzes gewährten Finanzhilfen in Sonderbedarfs-BEZ für die neuen Länder ist durch Artikel 2 des SFG vom 20. Dezember 2001 (BGBl. I S.3955) vorgenommen worden.

25 So etwa Seitz, Helmut 2003: Thesenpapier zur Lage in Ostdeutschland und zur weiteren Vorgehensweise beim „Aufbau Ost“, Frankfurt/Oder, S. 11.

geld II an sich ziehen wollte, bestand er im Gegenzug für die damit verbundenen finanziellen Mehrbelastungen auf einer Kompensation über die Umsatzsteuerverteilung.[26] Damit setzte der Bund auf eine ähnliche Strategie wie schon in den Finanzausgleichsverhandlungen im Jahr 2001. Die Länder wehrten sich allerdings auch in den Beratungen zur Arbeitsmarktreform 2003 massiv gegen diese Überlegungen, da eine pauschale Neujustierung der Umsatzsteueranteile zu erheblichen Verwerfungen und Mindereinnahmen einzelner (insbesondere finanz- und einwohnerstarker) Länder geführt hätte.

Ein weiteres Problem bestand aber vor allem in der breiten Streuung der Arbeitslosen- und Sozialhilfelasten im Ländervergleich. Denn während z. B. die Stadtstaaten in der Vergangenheit einen hohen Anteil an (erwerbsunfähigen) Sozialhilfeempfängern zu unterhalten hatten, war diese Gruppe in den ostdeutschen Ländern vergleichsweise klein. Dafür wurde die Sozialstruktur dort durch einen überproportionalen hohen Anteil an Arbeitslosenhilfeempfängern geprägt, da nach der Wende für viele Arbeitnehmer in den fünf neuen Bundesländern die Möglichkeit bestand, durch ein breit gefächertes Instrumentarium an Arbeitsbeschaffungsmaßnahmen immer wieder Ansprüche aus der Arbeitslosenversicherung zu erwerben. Um deshalb der besonderen Arbeitsmarktlage in Ostdeutschland Rechnung zu tragen, einigten sich Bund und Länder im Vermittlungsverfahren im Dezember 2003 auf einen klassischen Kompromiss. Dieser sah vor, dass zwar die im Finanzausgleichsgesetz vorgesehenen Hundertsätze an der Umsatzsteuer von Bund und Ländern einmal mehr unangetastet bleiben sollten, dass der Bund aber einen Festbetrag in Höhe von 1 Mrd. Euro vom Länderanteil dieser Steuer als Kompensation für Zuweisungen an die besonders betroffenen Länder in Ostdeutschland erhalten soll.

Mit dem „Vierten Gesetz für moderne Dienstleistungen am Arbeitsmarkt“ ist die vierte Stufe des Finanzausgleichs, auf der der Bund den Ländern gemäß Art. 107 Abs. 2 GG Ergänzungszuweisungen gewähren kann, durch eine weitere Art der Sonderbedarfs-BEZ ausgebaut worden. Seit dem 1. Januar 2005 stehen den fünf neuen Bundesländern danach bis 2009 finanzielle Festbeträge „zum Ausgleich von Sonderlasten durch die strukturelle Arbeitslosigkeit und der daraus entstehenden über-proportionalen Lasten bei der Zusammenführung von Arbeitslosenhilfe und Sozialhilfe für Erwerbsfähige“ zu.[27] Damit hat der Gesetzgeber die vertikale Komponente des Finanzausgleichs zwischen Bund und Ländern wieder gestärkt, nachdem man sich in den Finanzausgleichsverhandlungen im Jahr 2001 auf eine zahlen- und volumenmäßige Reduktion der Bundesergänzungszuweisungen verständigt hatte. Danach waren seit Anfang 2005 statt der fünf bis Ende 2004 gewährten nur noch drei Zuweisungsarten im Finanzausgleichsgesetz vorgesehen. Gleichzeitig ist der Finanzausgleich damit durch einen neuen Sonderbedarfstatbestand erweitert worden, der sich nur schwer vom Tatbestand der „teilungsbedingten Sonderlasten aus dem bestehenden starken infrastrukturellen Nachholbedarf

26 Dazu sollte der Anteil des Bundes an der Umsatzsteuer, der damals bei 50,5 Prozent lag, stufenweise angehoben werden, um im Jahr 2007 den vollen Kompensationssatz in Höhe von 7,3 Prozentpunkten zu erreichen. In der Folge sollte der Umsatzsteueranteil des Bundes langfristig bei 57,8 Prozent liegen. Vgl. dazu BT-Drucksache 15/1516 vom 05.09.2003, S. 81f.

27 Vgl. dazu: § 11 Abs. 3 a FAG i. d. F. vom 26.12.2003 (BGBl. I S. 2954, 2990).

und zum Ausgleich unterproportionaler kommunaler Finanzkraft“[28] abgrenzen lässt. Und dies, obwohl der Finanzausgleich – nach der Rechtsprechung des Bundesverfassungsgerichts – vom Grundsatz her ein bedarfsneutraler Spitzensteuerkraftausgleich sein soll, der unter Außerachtlassung von spezifischen Sondersituationen einzelner Bundesländer die Verzerrungen der primären Steuerzerlegung und -verteilung im Ländervergleich korrigieren und abfedern helfen soll.[29]

Der Solidarpakt II für die neuen Bundesländer umfasst neben dem Korb I eine politische Vereinbarung über rund 51 Mrd. Euro, die als Korb II bezeichnet wird. Damit hat sich der Bund verpflichtet, die neuen Länder vorrangig mit Hilfe der ihm zur Verfügung stehenden finanzpolitischen Instrumente, wie den Gemeinschaftsaufgaben, Finanzhilfen und der Investitionszulage zu fördern.[30] Außerdem hat der Bund zugesagt, sich für den Erhalt der EU-Strukturfondsmittel für die neuen Bundesländer in Brüssel einsetzen zu wollen. Dies hat auch die im Oktober 2005 ins Amt gekommene schwarz-rote Bundesregierung in ihrem Koalitionsvertrag bekräftigt.

Da es sich bei dem in Korb II vereinbarten Maßnahmenkatalog des Solidarpakts um eine politische Absichtserklärung handelt, verfügt der Bund bei der Vergabe der in Aussicht gestellten Investitionsmittel über einen beträchtlichen Ermessensspielraum. Dieser erstreckt sich letztlich auch auf die exakte Höhe der aufzuwendenden Bundesmittel sowie die Auswahl der Förderprojekte und -instrumente. Nicht umsonst bietet der Korb II des Solidarpakts deshalb in immer kürzeren Abständen Anlass für politische Auseinandersetzungen und Kontroversen. Denn der politisch vereinbarte Policy-Mix, mit dem die Zusagen des Korbs II umgesetzt werden soll, ist das Ergebnis einer für föderale Finanzverhandlungen typischen Herstellung von Junktims und Koppelgeschäften. Zudem steht die Korb-II-Problematik auch beispielhaft für die hier untersuchten Wechselwirkungen zwischen europäischer und nationaler Finanz- und Haushaltspolitik. Die Ministerpräsidenten der ostdeutschen Länder haben inzwischen mehrfach mit Verweis auf den nach wie vor im Detail noch auszugestaltenden Korb II betont, dass sie auf einer adäquaten Kompensation seitens des Bundes bestehen werden, falls sich die Zuweisungen aus den EU-Strukturfonds in der neuen Finanzperiode der Union von 2007 bis 2013 merklich reduzieren sollten.[31] Da die EU-Finanzzuweisungen an die ostdeutschen Länder – wie oben gezeigt – nach gegenwärtigem Stand geringer ausfallen werden, als in der Förderperiode 2000 bis 2006, dürften entsprechende Auseinandersetzungen im Rahmen der derzeit anvisierten zweiten Stufe der Föderalismusreform zu den Finanzbeziehungen zwischen Bund und Ländern vorprogrammiert sein. Einen Vorgeschmack dazu lieferten die Forderungen der ostdeutschen Ministerpräsidenten in den Beratungen der gemeinsamen Kommission von Bundestag und Bundesrat zur „Modernisierung der bundesstaatlichen Ordnung“: Kurz vor Abschluss der Verhandlungen bestanden sie im

28 Hervorhebungen H. S.

29 BVerfGE 72, 330 (S. 331); BVerfGE 86, 148 (S. 236 und S. 238).

30 Vgl. hierzu MPK-Ergebnisprotokoll vom 21./22. Juni 2001, S. 7.

31 Platzeck, Matthias 2004: Vorschlag für eine verfassungsrechtliche Absicherung des Korbes II Solidarpakt II in Höhe von 51 Mrd. Euro; Arbeitsunterlage 105 der Bundesstaatskommission. Aber auch: Pressemitteilung des 209/2005 des Sächsischen Staatsministeriums der Finanzen vom 10. November 2005: „Metz: Aufbau Ost braucht verlässliche Unterstützung aus Berlin“.

Dezember 2004 sogar auf einer verfassungsrechtlichen Verankerung der Solidarpaktzusagen des Bundes als Bedingung für ihre Zustimmung zu dem Gesamtpaket.[32] Nicht zuletzt aufgrund dieser Überfrachtung der Kommissionsberatungen dürfte der erste Anlauf zu einer Reform damals gescheitert sein. Der Bund weigert sich bis heute, Verhandlungen zu einer gesetzlichen Vereinbarung über die Finanzzusagen des Korbs II aufzunehmen. Die Bundesregierung vertritt den Standpunkt, dass „die Förderinstrumente vielmehr flexibel an die jeweils aktuellen Problemlagen und Rahmenbedingungen" angepasst werden sollten.[33]

Die Stoßrichtung der jüngeren Debatte um den Solidarpakt II und den Aufbau Ost hat nicht zuletzt durch den Sachverständigenrat zur Begutachtung der gesamtwirtschaftlichen Entwicklung eine neue Wendung erhalten. Maßgeblich dafür waren vor allem entsprechende Einschätzungen im Jahresgutachten 2004/2005. Darin hatten die Wirtschaftsweisen festgestellt, dass die ostdeutschen Bundesländer (mit Ausnahme von Sachsen) die ihnen zugewiesenen Solidarpakt-Mittel im Jahr 2003 zu einem Teil unsachgemäß verwandt hatten. Diese Entwicklung könne als ein Indiz für drohende Haushaltsnotlagen interpretiert werden.[34] Auf der Grundlage der so genannten Fortschrittsberichte „Aufbau Ost", die die fünf neuen Bundesländer und Berlin als Teil der Solidarpakt-II-Vereinbarung seit 2002 jedes Jahr dem Finanzplanungsrat vorlegen müssen, hatte der Sachverständigenrat berechnet, dass die Fehlverwendungsquote 2003 zwischen 71,3 Prozent in Mecklenburg-Vorpommern und 32,5 Prozent in Thüringen lag. Danach wurden die Sonderbedarfs-BEZ gemäß § 11 Abs. 3 FAG „zur Deckung von teilungsbedingten Sonderlasten aus dem bestehenden starken infrastrukturellen Nachholbedarf und zum Ausgleich unterproportionaler kommunaler Finanzkraft" nur teilweise für investive Zwecke verwandt. Stattdessen setzten vier der fünf neuen Bundesländer und Berlin einen Großteil dieser Zuweisungen für laufende Ausgaben sowie Zins- und Tilgungsverpflichtungen ein. Ähnliche Berechnungen liegen inzwischen auch für die Jahre 2004 und 2005 vor. Danach haben sich die Fehlverwendungsquoten eher verschlechtert. So hat z. B. das Land Berlin seine Zuweisungen aus dem Solidarpakt zu 100 Prozent, Sachsen-Anhalt zu 79 Prozent und Brandenburg zu 41 Prozent für laufende Ausgaben verwandt.[35]

---

32 Im Januar 2005 forderten die ostdeutschen Ministerpräsidenten nur noch „Rechtssicherheit" durch eine „gesetzliche Fixierung" zum Korb 2 des Solidarpaktes II. Vgl. dazu: Ergebnisprotokoll der 30. Regionalkonferenz der Regierungschefs der ostdeutschen Länder vom 31. Januar 2005, S. 3.

33 Vgl. dazu: „Aufbau Ost. Wirtschaft stärken – Arbeitsplätze schaffen". Gemeinsames Positionspapier von Bund und ostdeutschen Ländern vom 31. Januar 2005, als Anlage zu TOP II.1 der 30. Regionalkonferenz der Regierungschefs der ostdeutschen Länder vom 31. Januar 2005, S. 17.

34 Sachverständigenrat 2004: „Erfolge im Ausland – Herausforderungen im Inland". Berlin, S. 633.

35 Seitz, Helmut 2006: SoBEZ-Verwendungsrechnung für 2005. Seitz verwendet allerdings eine vom BMF abweichende Berechnungsgrundlage.

5. Die Reform der Mischfinanzierungen des Grundgesetzes

In den Beratungen zur „Modernisierung der bundesstaatlichen Ordnung“, die Bund und Länder seit Oktober 2003 in verschiedenen institutionellen Konstellationen und mit unterschiedlicher Intensität geführt haben, stand eine Überprüfung der Mischfinanzierungen des Grundgesetzes ganz weit oben auf der Agenda. Das übergeordnete Ziel bestand dabei laut Einsetzungsbeschluss der entsprechenden Kommission von Bundestag und Bundesrat darin, „die Handlungs- und Entscheidungsfähigkeit von Bund und Ländern zu verbessern, die politischen Verantwortlichkeiten deutlicher zuzuordnen sowie die Zweckmäßigkeit und Effizienz der Aufgabenerfüllung zu steigern“.[36] Die Mischfinanzierungen des Grundgesetzes – worunter im Folgenden vor allem die Gemeinschaftsaufgaben nach Art. 91 a und b GG sowie die Investitionshilfen nach Art. 104 a Abs. 4 GG gefasst werden – sind im Kontext der vorliegenden Analyse deshalb von besonderem Interesse, weil beide Instrumente der Finanzverfassung seit der deutschen Wiedervereinigung ganz gezielt zur Förderung des Aufbaus Ost eingesetzt werden. Dies gilt in besonderer Weise für die Gemeinschaftsaufgabe „Verbesserung der regionalen Wirtschaftsstruktur“ (GRW) nach Art. 91 a Abs. 1 Nr. 2 GG.

Das Hauptziel dieser Gemeinschaftsaufgabe besteht in der Schaffung und Sicherung von wettbewerbsfähigen Arbeitsplätzen in Regionen, „deren Wirtschaftskraft erheblich unter dem Bundesdurchschnitt liegt“ bzw. „darunter abzusinken droht“.[37] Außerdem gilt es Regionen zu fördern, „in denen Wirtschaftszweige vorherrschen, die vom Strukturwandel“ in gravierender Weise betroffen sind. Dazu sind „die Förderung der gewerblichen Wirtschaft bei Errichtung, Ausbau und Umstellung oder grundlegender Rationalisierung von Gewerbebetrieben“ sowie die Förderung der Infrastruktur, „soweit es für die Entwicklung der gewerblichen Wirtschaft erforderlich ist“ möglich. Die Förderschwerpunkte umfassen deshalb den „Ausbau von Verkehrsverbindungen, Energie- und Wasserversorgungsanlagen, Abwasser- und Abfallbeseitigungsanlagen sowie öffentlichen Fremdenverkehrseinrichtungen“. Daneben dürfen Ausbildungs- und Schulungseinrichtungen errichtet und ausgebaut werden, die eine Bedeutung für die Ausbildung von Arbeitskräften regionaler Wirtschaftunternehmen haben. Mit den Finanzmitteln der Gemeinschaftsaufgabe werden darüber hinaus eine Vielzahl weiterer Politikbereiche unterstützt – ein Umstand, der von wissenschaftlicher Seite vielfach als ineffizientes „Gießkannenprinzip“ kritisiert wird, weil dadurch Abgrenzungsprobleme zu anderen Mischfinanzierungsformen entstanden sind.[38] Schlüssige Begründungskriterien, welche Investitionen im Rahmen von Gemeinschaftsaufgaben und welche mittels Investitionshilfen des Bundes getätigt werden, lassen sich aus den jeweiligen Ausführungsgesetzen und Verwaltungsvereinbarungen tatsächlich kaum ableiten.

---

36 BT-Drucksache 15/1685, S. 1.

37 Gesetz über die Gemeinschaftsaufgabe „Verbesserung der regionalen Wirtschaftsstruktur“ vom 6. Oktober 1969 (BGBl. I S. 1861), zuletzt geändert am 5. April 2002 (BGBl. I S. 1250).

38 Werner, Georg 2001: Abbau von Mischfinanzierung. In: Stellungnahmen des Karl-Bräuer-Instituts des Bundes der Steuerzahler, S. 26. Ähnlich auch Seitz, Helmut 2003: Thesenpapier zur Lage in Ostdeutschland und zur weiteren Vorgehensweise beim „Aufbau Ost“, S. 3.

Die Kosten von Projekten, die im Rahmen der Gemeinschaftsaufgabe „Verbesserung der regionalen Wirtschaftsstruktur" gefördert werden, tragen Bund und Länder jeweils zur Hälfte. Von entsprechenden Zuweisungen profitieren die fünf neuen Bundesländer in besonderer Weise.[39] Dies belegt auch der 35. Rahmenplan für den Zeitraum 2006 bis 2009, wonach im Bundeshaushalt für das Jahr 2006 Barmittel für die Gemeinschaftsaufgabe regionale Wirtschaftsstruktur in Höhe von 694,08 Mio. Euro eingeplant sind. Davon gehen alleine 586,72 Mio. Euro in die neuen Bundesländer und der Rest in Höhe von 100,35 Mio. Euro in die alten Länder. Diese Projektgebundenen Mittel müssen jeweils in gleicher Höhe kofinanziert werden. Darüber hinaus sind in den Bundeshaushalt 2006 Verpflichtungsermächtigungen für diese Gemeinschaftsaufgabe in Höhe von 587,1 Mio. Euro eingestellt, von denen alleine die neuen Länder 503 Mio. Euro in den kommenden Jahren abrufen können.[40] Im Jahr 2006 profitieren besonders Sachsen (150,2 Mio. Euro), Sachsen-Anhalt (104,03 Mio. Euro) und Brandenburg (96,34 Mio. Euro) von der GRW. Betrachtet man allerdings die finanziellen Mittelaufwendungen, die der Bund in den letzten Jahren für die Gemeinschaftsaufgabe regionale Wirtschaftsstruktur bereitgestellt hat, so wird deutlich, dass die entsprechenden Haushaltsansätze sukzessive reduziert worden sind. Betrugen die Aufwendungen des Bundes z. B. 1993 noch rund 2,29 Mrd. Euro, so ist dieser Ansatz mit einer Gesamtsumme für das Jahr 2006 mit 1,28 Mrd. Euro deutlich zurückgegangen.[41] Diese Entwicklungstendenz ist insofern von Bedeutung, weil der Bund in den Solidarpaktverhandlungen 2001 zugesagt hat, dass die 51 Mrd. Euro des Korbs II u. a. über Zuweisungen bei den Gemeinschaftsaufgaben aufgebracht werden sollen.

Da sich die Ziele von GRW und europäischer Strukturförderung in vielen Ansatzpunkten decken, werden die jeweiligen Mittel auch zur wechselseitigen Kofinanzierung verwandt.[42] Im Fokus beider Förderansätze steht die regionale Wirtschaft, die über die Gewährung von Darlehen, Investitions- und Zinszuschüssen sowie Bürgschaften direkt unterstützt wird. Im Gegensatz dazu darf nach einer Vereinbarung von Bund und Ländern der volumenmäßig größte Anteil des Solidarpakts II – die Bundesergänzungszuweisungen „zur Deckung von teilungsbedingten Sonderlasten aus dem bestehenden starken infrastrukturellen Nachholbedarf und zum Ausgleich unterproportionaler kommunaler Finanzkraft" – eigentlich nur für Infrastrukturinvestitionen verwandt werden. An dieser Stelle zeigt sich besonders deutlich das Dilemma, in dem sich der Aufbau Ost nun schon seit längerem befindet: Denn sieht man einmal von der Frage der vermeintlichen Fehlverwendung von Solidarpaktmitteln ab, so ist auf der einen Seite zu konstatieren, dass die ausschließliche Infrastrukturförderung bisher nicht zu einem selbsttragenden Wirtschaftsaufschwung in den ostdeutschen Bundesländern geführt hat. Auf der anderen Seite stehen auch die Gemeinschaftsaufgaben – ähnlich wie die Investitionshil-

39 Petersen, Hans-Georg 2001: Mischfinanzierungen im deutschen Länderfinanzausgleich, S. 30.

40 Vgl. dazu 35. Rahmenplan für die Gemeinschaftsaufgabe „Verbesserung der regionalen Wirtschaftsstruktur", BT-Drucksache 16/1790.

41 Dazu ausführlicher: Scheller, Henrik 2005: Politische Maßstäbe für eine Reform des bundesstaatlichen Finanzausgleichs, S. 144.

42 Die Rahmenpläne unterliegen deshalb auch einer Prüfung der Europäischen Kommission im Rahmen des Beihilfenkontrollverfahrens gemäß Art. 87 bis 89 EGV.

fen und die Investitionszulage – seit langem in der Kritik, weil alle Instrumente vermeintliche Mitnahmeeffekte von Fördergeldern für Investitionen induzierten, die ohne entsprechende Angebote von Bund und Ländern nicht getätigt würden.[43] Angesichts der strukturellen Probleme Ostdeutschlands stellt sich jedoch auch in diesem Kontext die Frage, ob nicht insbesondere mit Blick auf die noch ausstehende Laufzeit des Solidarpakts II bis 2019 ein verstärkter Einsatz der Förderinstrumente sinnvoller ist, die vor allem die mittelständisch geprägte Wirtschaftsstruktur in den fünf neuen Ländern unterstützen und eine entsprechende Diversifizierung fördern.

In der Bundesstaatskommission ist wohl nicht zuletzt mit Rücksichtnahme auf die fünf neuen Länder auf eine Abschaffung bzw. weitergehende Modifizierung der Gemeinschaftsaufgaben „Verbesserung der regionalen Wirtschaftsstruktur" und „Verbesserung der Agrarstruktur und des Küstenschutzes" verzichtet worden. Lediglich die Gemeinschaftsaufgaben „Ausbau und Neubau von Hochschulen einschließlich der Hochschulkliniken" (Art. 91 a Abs. 1 Nr. 1 GG) und „Bildungsplanung" (Art. 91 b GG) sowie die Finanzhilfen zur „Verbesserung der Verkehrsverhältnisse der Gemeinden" und zur „sozialen Wohnraumförderung" werden abgeschafft. Der Bund wird den Ländern dafür im Zeitraum von 2007 bis 2013 allerdings weiterhin Festbeträge zur Verfügung stellen, die nach gesetzlich normierten Prozentanteilen auf die Länder verteilt und zweckgebunden verwendet werden müssen.[44] Den Ländern obliegt dabei eine jährliche Berichtspflicht. Die ostdeutschen Ministerpräsidenten haben an dieser Regelung vor allem die zeitliche Befristung bis 2013 kritisiert. Damit erfolgt zwar eine zeitliche Verzahnung mit der neuen EU-Förderperiode, gleichwohl hat der Solidarpakt II eine Laufzeit bis 2019. Die in § 6 des „Gesetzes zur Entflechtung von Gemeinschaftsaufgaben und Finanzhilfen" vorgesehene Revisionsklausel ist so offen gehalten, dass die politischen Auseinandersetzungen über mögliche Kompensationsleistungen des Bundes ab 2014 schon vorprogrammiert sind.[45] Danach prüfen Bund und Länder „gemeinsam bis Ende 2013, in welcher Höhe die Beiträge [...] für den Zeitraum vom 1. Januar 2014 bis zum 31. Dezember 2019 zur Aufgabenerfüllung der Länder noch angemessen und erforderlich sind". Auch wenn im Bereich der nun abgeschafften Mischfinanzierungen mit der gesetzlichen Festschreibung von Fixbeträgen des Bundes bis 2013 Planungssicherheit insbesondere für die neuen Bundesländer geschaffen worden ist, so bleiben dem Bund im Bereich der Gemeinschaftsaufgaben regionale Wirtschaftsstruktur und Agrarstruktur ausreichende Gestaltungsspielräume. Es bleibt abzuwarten, ob sich die Entwicklung der letzten Jahre fortsetzt und der Bund weiter eine sukzessive Reduktion der entsprechenden Haushaltsansätze vornimmt.

43 So etwa: Sachverständigenrat 2004: Erfolge im Ausland – Herausforderungen im Inland. Jahresgutachten 2004/2005, S. 656, Nr. 643ff.

44 Vgl. dazu: Föderalismusreform-Begleitgesetz, Gesetzantrag der Länder Nordrhein-Westfalen, Bayern, Berlin und Bremen, vom 7. März 2006, BR-Drucksache 179/06, S. 13ff.

45 Das „Gesetz zur Entflechtung von Gemeinschaftsaufgaben und Finanzhilfen" bildet Art. 13 des Föderalismusreform-Begleitgesetzes. Vgl. dazu BR-Drucksache 179/06 vom 7. März 2006.

6. Schlussfolgerungen und Ausblick

Spätestens seit der Neuregelung des Finanzausgleichs zwischen Bund und Ländern und dem Solidarpakt II im Juni 2001 hat sich der Ton in der Diskussion um Erfolge und Probleme des Aufbaus Ost merklich verschärft. Einen ersten Höhepunkt erreichte die Diskussion im Frühjahr 2004 durch das Positionspapier „Zukunft Ost – Chance für Deutschland" von Sachsens Ministerpräsident Georg Milbradt (CDU). Kurz danach erschien der Bericht „Kurskorrektur des Aufbaus Ost", den der „Gesprächskreis Ost" der damaligen Bundesregierung unter Federführung von Klaus von Dohnanyi und Edgar Most im Juni 2004 vorlegte.[46] In den Medien wurde diese Debatte aufgriffen, zumal auch der Bundespräsident mit entsprechenden Aussagen in einem Interview des Nachrichtenmagazins „Focus" für Aufsehen sorgt. Darin hatte er erklärt, dass es „überall in der Republik große Unterschiede in den Lebensverhältnissen" gebe und dass eine Einebnung dieser Differenzen darauf hinausliefe, „den Subventionsstaat" zu zementieren. Dadurch jedoch werde „der jungen Generation eine untragbare Schuldenlast" auferlegt.[47] Sämtliche Diskussionsbeiträge wiesen dabei einen ähnlichen Grundtenor auf: Erforderlich sei eine Umkehr bei der Wirtschafts- und Infrastrukturförderung in den neuen Bundesländern. Da das „Gießkannenprinzip" einer breitflächigen finanziellen Förderung in der Vergangenheit nicht zu einem selbsttragenden Wirtschaftsaufschwung geführt habe, sei eine stärkere Konzentration der Fördergelder auf Wachstumskerne erforderlich. Der Widerstand gegen derartige Überlegungen seitens der ostdeutschen Ministerpräsidenten fiel entsprechend heftig aus.

Im Juni 2006 erreichte die Debatte über den Aufbau Ost einen weiteren Höhepunkt. So wurde ein Treffen der ostdeutschen Finanzminister mit dem Bundesfinanzminister in Berlin von einer breiten öffentlichen Debatte über die vermeintliche Fehlverwendung der Solidarpaktmittel durch die fünf neuen Länder begleitet. Während sich Bund und Länder auf eine strengere Einhaltung der bestehenden Verwendungsauflagen verständigten, wurden von wissenschaftlicher Seite schärfere Vergaberegeln und Sanktionsmechanismen gefordert. Aber auch der sächsische Ministerpräsident, Georg Milbradt (CDU), plädierte in diesem Kontext für die Einführung eines Nationalen Stabilitätspaktes nach EU-Vorbild, mit dem nicht nur neue, sondern auch alte Länder unter Androhung von Strafzahlungen zur Haushaltsdisziplin angehalten oder im äußersten Fall gar unter die Kuratel eines „Staatskommissars" gestellt werden sollen. In der öffentlichen Auseinandersetzung und den Medien hat die Diskussion über die vermeintlich unsachgemäße Verwendung der Solidarpaktmittel inzwischen eine negative Schlagseite erhalten, da immer öfter von „Verschwendung" und einer Beschädigung der politischen „Moral im Osten" sowie den „Schattenseiten der Solidarität" die Rede ist und damit der

46 Vgl. dazu Milbradt, Georg (CDU): Zukunft Ost – Chance für Deutschland. Ein Beitrag zur notwendigen Strategiediskussion vom 30. März 2004; Gesprächskreis Ost der Bundesregierung unter Federführung von Klaus von Dohnanyi und Edgar Most: Kurskorrektur des Aufbaus Ost. Bericht vom 28. Juni 2004; Koch, Roland (CDU) und Steinbrück, Peer (SPD): Subventionsabbau im Konsens, 2003.

47 Horst Köhler im Focus-Interview vom 13. September 2004, Heft 38, S. 20–24. Vgl. dazu aber auch das Titelthema des Spiegels „Das Ende der Illusion" vom 20. September 2004, Heft 39, S. 44–60.

Eindruck erweckt wird, dass die Aufbau-Ost-Mittel in „schwarzen Kanälen" versickern.[48]

Dass die vermeintliche Fehlverwendung aber im Kern ein haushaltstechnisches Rechenproblem darstellt, wird dabei nur unzureichend thematisiert. Denn die beklagte Fehlverwendung für laufende und konsumtive Ausgaben durch die Länder Brandenburg, Mecklenburg-Vorpommern, Sachsen-Anhalt und Thüringen – Sachsen hat seine Zuweisungen bisher als einziges Land vereinbarungsgemäß verwendet – gründet nämlich in einer Berechnung, für die der Finanzierungssaldo zwischen den eigenfinanzierten Investitionen und der so genannten „anteiligen" Nettokreditaufnahme der Länder maßgeblich ist.[49] Dabei wird gemäß der goldenen Regel des Haushaltsrechts von Bund und Ländern davon ausgegangen, dass die Kreditaufnahme zum Ausgleich von Haushaltsdefiziten ausschließlich für Investitionen erfolgt. Die „anteilige" Nettokreditaufnahme ergibt sich dabei aus der Differenz zwischen der gesamten Investitionssumme und den Investitionen im Infrastrukturbereich. Die beklagte Fehlverwendung von Solidarpaktmitteln in der Staatspraxis gründet nun darin, dass die laufenden Personal-, Sach- und Verwaltungsausgaben der ostdeutschen Länder seit der deutschen Wiedervereinigung stetig gestiegen sind. Seit geraumer Zeit müssen deshalb zunehmend auch laufende bzw. konsumtive Ausgaben über Krediteinnahmen finanziert werden. Gleichzeitig werden die (eigenfinanzierten) Investitionsausgaben gekürzt, weil sie haushaltsrechtlich oft den geringsten Verpflichtungsgrad aufweisen. Nicht umsonst sind deshalb die Investitionsquoten aller ostdeutschen Länder seit 1995 immer weiter gesunken.[50] Dadurch hat sich natürlich auch die Lücke zwischen eigenfinanzierten Investitionen und fremdfinanzierten Investitionen (Krediten) stetig vergrößert, so dass letztere die Eigeninvestitionen inzwischen meist übersteigen. Behebbar wäre dieses Dilemma nur, wenn die ostdeutschen Länder ihre Personal- und Verwaltungsausgaben drastisch senken oder ihre Investitionsquoten (durch Kreditaufnahme) massiv erhöhen würden. Dies zeigt den Preis, den eine korrekte Verwendung der Solidarpaktmittel nach sich ziehen würde: Beide Ansätze sind alleine schon haushaltsrechtlich kaum kurzfristig umsetzbar und hätten zudem weitere fiskalische Negativfolgen. Der dadurch entstehende Konflikt lässt sich also nur durch eine Abwägung der schwer miteinander zu vereinbarenden Ziele lösen. Angesichts der Verschuldung der ostdeutschen Länder sollte dem langfristigen Ziel einer Haushaltskonsolidierung allerdings der Vorrang vor einer kurzfristigen Einhaltung der Verwendungsauflagen für die Solidarpaktmittel eingeräumt werden. Denn langfristig könnte sich das dogmatische Insistieren auf dem bestehenden Berechnungsmodus für die Verwendung der Solidarpaktmittel als wesentlich kostspieliger für die bundesstaatliche Gemeinschaft erweisen, als eine präventive Haushaltskonsolidierung

---

48 Vgl. dazu u. a. den Kommentar aus „Die Welt" vom 13. Juni 2006: „Beschädigte Moral im Osten"; Kommentar aus der Frankfurter Allgemeinen Zeitung (F.A.Z.) vom 16. Juni 2006: „Die Schattenseiten der Solidarität".

49 Sachverständigenrat: „Erfolge im Ausland – Herausforderungen im Inland", Jahresgutachten: 2004/05, 12.11.2004, S. 471, Nr. 637.

50 Vgl. dazu Bundesministerium für Wirtschaft und Arbeit 2005: Wirtschaftsdaten neue Länder, Berlin, S. 21. Aber auch Seitz, Helmut 2006: SoBEZ-Verwendungsrechnung für 2005, S. 6.

mit Hilfe von Sonderbedarfs-BEZ für den Aufbau Ost, die zum Teil heute schon praktiziert wird.

In der Diskussion über den Aufbau Ost und die Fehlverwendung von Solidarpaktmitteln zeigt sich damit in besonderer Weise, dass der enggefasste Investitionsbegriff des Grundgesetzes in seiner Beschränkung auf Infrastruktur-Ausgaben problematisch ist, um den Strukturproblemen der fünf neuen Länder gerecht zu werden.[51] Vielmehr ist der Aufbau Ost durch dieses verengte Verständnis zusehends in eine asymmetrische Schieflage geraten, so dass sich die Frage stellt, ob die Förderpraxis der vergangenen Jahre so noch bis 2019 fortgeführt werden sollte. Denn es wird immer deutlicher, dass eine ausschließliche Konzentration auf Investitionen im Infrastrukturbereich – die angesichts der enormen Rückstände in der Vergangenheit ohne Zweifel dringend erforderlich war – offenbar keinen selbsttragenden und dauerhaften Wirtschaftsaufschwung in Ostdeutschland garantiert. Dieser bildet aber die Voraussetzung zur Generierung entsprechender Steuermehreinnahmen und würde langfristig auch eine nachhaltige Konsolidierung der Länderhaushalte ermöglichen. Es zeigt sich, dass trotz des weiterhin bestehenden Nachholbedarfs in einzelnen Bereichen der öffentlichen Daseinsvorsorge, weite Teile Ostdeutschlands inzwischen über eine exzellente Infrastrukturausstattung verfügen, ohne dass sich jedoch gleichzeitig ausreichend robuste Wirtschaftsstrukturen etabliert hätten – sieht man einmal von den oft zitierten Wachstumskernen ab, die eine immer stärkere Sogkraft entwickeln. Ausgebaute Verkehrswege zählen offenbar nicht zum alleinigen und entscheidenden Standortfaktor, um die Konkurrenzfähigkeit der eher klein- und mittelständisch geprägten Wirtschaft in den neuen Ländern gegenüber Unternehmen aus den alten Bundesländern zu stärken. Die Asymmetrie des Aufbaus Ost besteht also darin, dass die Zielrichtung der bisher praktizierten Förderpolitik in zu geringem Maße dem Diversifizierungsprozess in den fünf neuen Ländern angepasst worden ist, der sich vor allem in einer Veränderung der gesellschaftlichen, ökonomischen und demographischen Rahmenbedingungen widerspiegelt.

Soll die ostdeutsche Wirtschaft aber in Zukunft nicht mehr nur die „verlängerte Werkbank“ der alten Bundesländer sein, der meist die Forschungs- und Entwicklungsabteilungen sowie entsprechende Strukturen der Konzernverwaltungen fehlen, so muss auch die bisherige Förderpraxis des Aufbaus Ost überdacht werden. Dies muss auch auf die Gefahr hin getan werden, dass der Solidarpakt II schon vor 2019 erneut wieder aufgeschnürt wird. Dies fürchten derzeit wohl insbesondere die Ministerpräsidenten der fünf neuen Länder, zumal der Bund und die Geberländer inzwischen immer offensiver die vermeintliche Fehlverwendung der Solidarpakt-II-Mittel thematisieren und die noch bestehende Infrastrukturlücke in Frage stellen.

Analysiert man vor diesem Hintergrund die Forderungen, die in der Debatte über die vermeintliche Fehlverwendung der Solidarpaktmittel in Ostdeutschland erhoben werden, so fehlt es weithin an zukunftsweisenden Ansätzen. Auch wenn selbst der Sachverständigenrat in seinem Jahresgutachten 2004/2005 konzediert hat, dass es keinen „Königsweg“ für den Aufbau Ost gibt, so scheinen doch Forderungen nach einer strengeren

51 Der nach wie vor gebräuchliche Investitionsbegriff des Grundgesetzes ist insbesondere durch die entsprechende Definition in § 13 der Bundeshaushaltsordnung (BHO) geprägt worden.

und möglichst mit Sanktionsandrohungen versehenen Einhaltung der bestehenden Verwendungsauflagen zum Solidarpakt II Ausdruck der derzeitigen Schieflage in der Diskussion. Denn letztlich verbirgt sich dahinter die überholte Vorstellung vom „Nach- und Aufholen" bzw. von der notwendigen „Angleichung" bestehender Disparitäten zwischen West- und Ostdeutschland, die insbesondere für die Phase der deutschen Wiedervereinigung und des Solidarpakts I prägend war. Bei dieser Form des „Nachteilsausgleichs", bei dem nach wie vor eine Annäherung der maßgeblichen finanzpolitischen Indikatoren in Ost und West im Mittelpunkt steht, ist allerdings aus dem Blick geraten, dass sich die Probleme in den alten und neuen Bundesländern mittlerweile deutlich voneinander unterscheiden. Dabei zeigt sich immer deutlicher, dass eine bloße Angleichung des Einkommens- und Ausstattungsniveaus alleine offenbar nicht ausreicht, um den gravierenden Strukturproblemen in Ostdeutschland zu begegnen, da damit keine hinreichenden Antworten auf Probleme wie den demographischen Wandel oder die Bevölkerungsabwanderung gegeben werden.

Die Feststellung, dass sich die Situation in Ostdeutschland kurz- und mittelfristig nicht nachhaltig verändern wird, sollte nicht zu dem Schluss führen, dass die bisherigen Bemühungen im Rahmen des Aufbaus Ost weitgehend fruchtlos waren und deshalb das gesamte Ziel in Frage zu stellen sei. Vielmehr muss es darum gehen, das bisher genutzte finanzpolitische Instrumentarium in Zukunft flexibler und vorausschauender einzusetzen. Dies auch deshalb, weil es politisch nach wie vor weitgehend unumstritten ist, dass Ostdeutschland auch bis 2019 noch Anspruch auf überproportionale Zuweisungen des Bundes und der Ländergemeinschaft hat – selbst wenn diese degressiv ausgestaltet sind. Der Hinweis auf diesen nach wie vor bestehenden Grundkonsens ist auch deshalb erforderlich, weil die vielfach beklagte Verschwendung von Solidarpaktmitteln durch die ostdeutschen Bundesländer immer mehr in die Nähe einer ungerechtfertigten Doppelbegünstigung (durch eigene Steuereinnahmen und zusätzliche Solidarpaktmittel) gerückt wird, die die Steuerzahler entsprechend belaste.

Vor dem Hintergrund der Schuldenentwicklung und des massiven demographischen Wandels, der sich in Ostdeutschland in einer Vorwegnahme der gesamtdeutschen Entwicklung bereits heute abzeichnet, lässt sich das Insistieren auf den im Juni 2001 vereinbarten Regelungen und Verfahrensmechanismen zur Verwendung der Solidarpaktmittel kaum rechtfertigen. Vielmehr besteht die ernsthafte Gefahr, dass sich dadurch die Finanz- und Haushaltslage der fünf neuen Länder langfristig noch wesentlich verschlechtert. Angesichts der Schuldenentwicklung der fünf neuen Bundesländer und Berlins, die innerhalb von nur fünfzehn Jahren die alten finanzschwachen Länder mit ihrer Pro-Kopf-Verschuldung überholt haben, scheint eine Strategie, die auf einen Abbau dieser Verbindlichkeiten durch reine Einsparungen und den Abbau von Personal zielt, kaum ausreichend zu sein. Es ist allgemein bekannt, dass die ostdeutschen Länder über einen im Vergleich zu den alten Bundesländern (zu) hohen Personalbestand verfügen, der mit entsprechenden Verwaltungsausgaben verbunden ist. Allerdings handelt es sich dabei um ein Problem, dass sich aufgrund des deutschen Beamten- und Angestelltenrechts kaum kurzfristig entschärfen lässt, da die Länder selbst im Falle einer Reduktion des Personalbestandes meist auf Jahre hinaus entsprechende Versorgungsleistungen aufzubringen haben. Die eingegangenen Verbindlichkeiten lassen sich folglich kaum so schnell abbauen, wie die Verschuldung derzeit wächst. In diesem Punkt wird deutlich, wie eng finanz- und haushaltspolitische Fragen mit dem Beamtenbesoldungsrecht verbunden sind, dessen Fortentwicklung im Rahmen der Beratungen zur Föderalismusreform heftig umstritten war.

Diese Feststellungen dürfen nicht als Entschuldigung dafür dienen, den Personalabbau in den ostdeutschen Ländern zu verlangsamen. Vielmehr muss es verstärkt darum gehen, durch Länderübergreifende Behördenfusionen (wie z. B. im Gerichtswesen von Berlin und Brandenburg) entsprechende Synergieeffekte zu erzielen. Gleichzeitig sollte – trotz gegenteiliger Vereinbarungen zwischen dem Bundesfinanzminister und den Finanzministern der Länder – überlegt werden, ob die Solidarpaktmittel nicht zumindest teilweise auch zur Zins- und Schuldentilgung verwandt werden dürfen. Denn die ausschließliche Zweckbindung für Investitionsausgaben, wird angesichts des eng gefassten Investitionsbegriffes auch in Zukunft kaum einzuhalten sein. Außerdem erscheint es kaum erstrebenswert, dass die ostdeutschen Länder dazu angehalten werden sollen, übermäßige Investitionen zu tätigen, wenn gleichzeitig für die laufenden Fixausgaben eine zunehmende Verschuldung notwendig ist. Dies birgt langfristig die Gefahr von „extremen Haushaltsnotlagen“, bei denen – nach geltender Rechtslage – letztlich auch wieder der Bund und die Ländergemeinschaft einspringen müssten. Gerade Sachsen-Anhalt mit der höchsten Pro-Kopf-Verschuldung der deutschen Flächenländer steht in dieser Hinsicht schon heute in einer besonderen Gefahr.

Daneben ist es auch kaum nachvollziehbar, warum eine Ausweitung des Investitionsbegriffes nach wie vor strikt abgelehnt wird. Auf diese Weise ließe sich auch die Zweckbindung für die Verwendung der Solidarpaktmittel behutsam um Bildungsausgaben erweitern. Angesichts des demographischen Wandels und der Abwanderung von jungen qualifizierten Menschen aus Ostdeutschland, scheint es geradezu dringend geboten, Investitionen massiv in den Ausbau und Erhalt der Bildungsinfrastruktur umzulenken. Unterstrichen wird diese Notwendigkeit, durch einen sich heute schon immer stärker abzeichnenden Fachkräftemangel sowie die nur schwach ausgeprägten F&E-Kapazitäten in den Unternehmen der fünf neuen Länder. Auch das Abschneiden der ostdeutschen Länder im Auswahlverfahren der Exzellenzinitiative des Bundes sollte in diesem Kontext als deutliches Signal gewertet werden: Keine der ausgewählten Spitzenuniversitäten, die der Bund in den nächsten Jahren bis 2011 zusätzlich fördern will, liegt in den fünf neuen Ländern. Es mag zwar nach derzeitigem Haushaltsrecht nicht statthaft sein, einmalige Einnahmen, zu denen auch die Sonderbedarfs-BEZ zum Abbau „von teilungsbedingten Sonderlasten aus dem bestehenden starken infrastrukturellen Nachholbedarf“ gezählt werden, nicht für laufende Ausgaben – und damit auch nicht für Bildungsinvestitionen – zu verwenden. Allerdings zeigt sich auch in diesem Fall, dass es zu kurzfristig gedacht ist, Solidarpaktmittel ausschließlich in bauliche Investitionsprojekte zu lenken, wenn die neuen Länder schon heute gleichzeitig Anreizprogramme entwickeln, um abgewanderte „Landeskinder“ wieder zur Rückkehr zu bewegen.

Wenn Bildung – vor dem Hintergrund des demographischen Wandels – tatsächlich zu der Zukunftsfrage schlechthin wird, so gilt dies für die fünf neuen Bundesländer in doppelter Weise. So scheint es z. B. trotz zurückgehender Kinder- und Schülerzahlen überlegenswert, ob nicht der Lehrerbestand auf dem derzeitigen Niveau gehalten wird, um so ein intensiveres Betreuungsangebot für die einzelnen Schüler zu gewährleisten. Auch angesichts der steigenden Studentenzahlen, die sich in den kommenden Jahren in der Bundesrepublik abzeichnen, könnte den ostdeutschen Universitäten eine besondere Rolle zufallen. Allerdings erfordert auch dies umfassende Investitionen in die Lehr- und Forschungsqualität sowie die Standortattraktivität dieser Hochschulen. An solchen Forderungen zeigt sich einmal mehr, dass sich die öffentlich geführte Debatte über den bisher praktizierten Aufbau Ost immer wieder zu sehr in finanz- und haushaltspolitischen Detailfragen verstrickt. Konzeptionelle Überlegungen zu den längerfristigen Perspektiven für den Aufbau Ost und die neuen Bundesländer lösen dabei immer wieder die gleichen Reiz-Reaktions-Schemata unter den politischen Akteuren aus. Die Polemik, die inzwischen die öffentlichen Auseinandersetzungen zu diesem Thema bestimmt, sorgt dafür, dass derartige Überlegungen oft mit einem Verweis auf bestehende Vereinbarungen beiseite geschoben werden. Es fehlt auch in diesem Kontext oft an einer Verknüpfung der fachpolitischen Reformansätze mit den unzweifelhaften und unabdingbaren finanzpolitischen Notwendigkeiten. Ganztagsbetreuung von Kindern und Schülern, schulische und universitäre Profilbildung, Verbesserung der Lehr- und Lernqualität sowie räumliche Konzentrierung von Bildungseinrichtungen erfordern zwar nicht nur, aber auch eine hinreichende Finanzausstattung der Länder.

Die Verwendung der Solidarpaktmittel sollte darüber hinaus in Zukunft auch viel stärker in den Um- und Rückbau der ostdeutschen Städte investiert werden. Ziel muss es sein, die schrumpfenden Städte – so weit dies geht – stärker auf Ortskerne zu konzentrieren und Wohnungsleerstand durch Abriss und Rückbau zu beseitigen. Auch die Angebote der öffentlichen Daseinsvorsorge sollten weiter konzentriert werden. Dies gilt auch für Schulen und Hochschulen.

Der „Gesprächskreis Ost“ der rot-grünen Bundesregierung hat im Jahr 2004 eine „Sonderwirtschaftszone Ost“ gefordert, die sich durch weitreichende bürokratische und rechtliche Ausnahmeregelungen für die fünf neuen Länder auszeichnen sollte. Zu Recht ist dieser weitreichende Reformvorschlag als unpraktikabel und verfassungsrechtlich bedenklich eingestuft worden. In der vorliegenden Analyse sind Vorschläge für eine Modifizierung der Verwendungsauflagen für die Solidarpaktmittel diskutiert worden, die punktuelle Abweichungen von bestehenden Haushaltsgrundsätzen erforderlich machen würden. Diese erscheinen auch deshalb sinnvoll, um der Debatte um die vermeintliche Fehlverwendung von Aufbau-Ost-Mittel die negative Schärfe zu nehmen und sie wieder zu versachlichen. Da die neuen Bundesländer auch in Zukunft kaum in der Lage sein dürften, die Solidarpaktmittel vollständig sachgerecht zu verausgaben, dürfte die Fehlverwendung auch in den kommenden Jahren immer wieder aufs Neue öffentlich thematisiert werden. Auf diese Weise wird nicht nur die Solidarbereitschaft unter den Bundesländern in Finanzverhandlungen, sondern auch zwischen den Menschen in den alten und neuen Bundesländern zusehends schwinden. Dass dies dem Prozess der „inneren Einheit“ nicht zuträglich sein wird, liegt auf der Hand.

Entwicklung der Agrarwirtschaft in Mecklenburg-Vorpommern und Beitrag Mecklenburg-Vorpommerns bei den Vorbereitungen der Kandidatenländer auf den Beitritt in die Europäische Union

Elke Halm

1. Wirtschaftsfaktor

Die Agrarwirtschaft Mecklenburg-Vorpommern ist einer der bedeutendsten Wirtschaftsfaktoren des Landes. Der Anteil der Agrarwirtschaft am BIP beträgt rund 10 %; vergleichbar mit dem Tourismus in Mecklenburg-Vorpommern. Hingegen beträgt der Anteil des Schiffbaus am BIP nur 2 %. Ein Vergleich mit anderen Bundesländern zeigt, dass der Anteil der Landwirtschaft dort unter 3 % beträgt.

Grafik 1: Anteil der Land- und Forstwirtschaft und Fischerei an der Bruttowertschöpfung des Landes

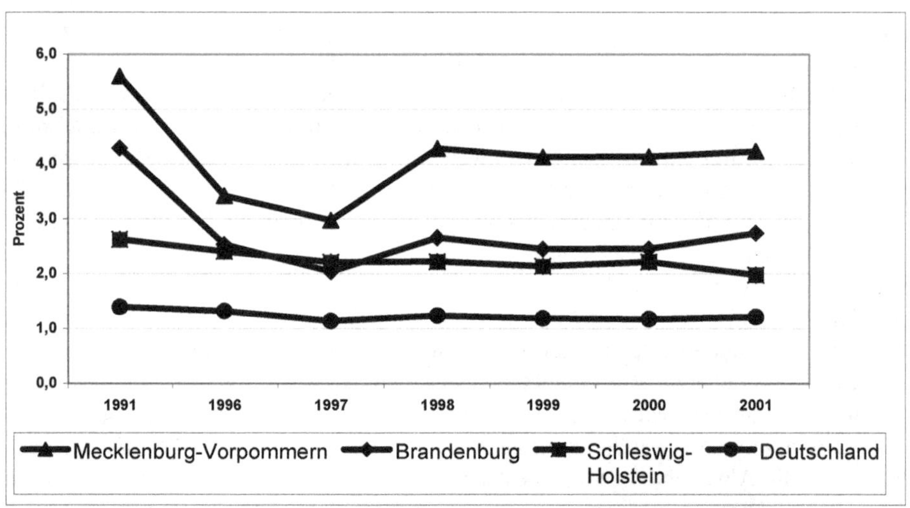

2. Struktur der Landwirtschaft in Mecklenburg-Vorpommern

Im Jahre 1989 existierten im heutigen Mecklenburg-Vorpommern 876 Landwirtschaftliche Produktionsgenossenschaften (LPG) und 126 Volkseigene Güter (VEG).

Tabelle 1

Anzahl/ Flächen	LPG gesamt	LPG PP	LPG TP	VEG ges.	KAP *	GPG**
Anzahl	876	271	605	126	1	33
Fläche gesamt in 1000 ha	1.462	1.426	36	151	2	3
Fläche je Betrieb in ha	1.669	5.262	60	1.198	2.000	91

* Kooperative Abteilung Pflanzenproduktion, ** Gärtnerische Produktionsgenossenschaft

In den 1980er Jahren wurden die meisten LPG nach Tier- und Pflanzenproduktion (TP bzw. PP) spezialisiert. Es entstanden 271 LPG der Pflanzenproduktion und 605 LPG der Tierproduktion.

Seit Mitte der 1980er Jahre arbeiteten diese in Form von Kooperationen zusammen. In der Regel waren eine Produktionsgenossenschaft für Pflanzenproduktion und zwei für Tierproduktion zusammengeschlossen.

Durchschnittlich bewirtschafteten jede LPG und jedes VEG rund 1.700 ha Landfläche; die Pflanzen produzierenden hatten naturgemäß eine größere Fläche, nämlich durchschnittlich 5.000 ha. Sie waren Zulieferer von landwirtschaftlichen Gütern, Futtermitteln und Tieren an die Tier produzierenden Genossenschaften.

Nach der Wiedervereinigung 1990 entstanden landwirtschaftliche Unternehmen mit unterschiedlichen Rechtsformen und Betriebsgrößen.

Tabelle 2

Rechtsformen	Anzahl Betriebe		Durchschnittliche Betriebsgröße in ha	
	1999	2001	1999	2001
Betriebe gesamt	**5.176**	**5.226**	**272**	**269**
Natürliche Personen	**4.446**	**4.482**	**151**	**150**
dar.: Einzelpersonen	3.724	3.774	101	101
Personengesellsch.	722	708	403	405
Juristische Personen	**730**	**744**	**1.029**	**1.002**
dar.: e.G.	196	181	1.392	1.399
GmbH	388	396	877	857
GmbH + Co.KG	96	118	1.209	1.115
AG	16	17	1.013	937

Die durchschnittliche Betriebsgröße aller landwirtschaftlichen Unternehmen beträgt rund 270 ha Landfläche. Dabei bewirtschaften die Unternehmen natürlicher Personen so wie Einzelpersonen und GbR rund 150 ha; wohingegen die Unternehmen juristischer Personen wie e.G. oder GmbH rund 1000 ha zu bewirtschaften haben. Vergleicht man die Leistung der Landwirtschaft gegenüber der Bevölkerung, so wurden früher 17 Personen von einem Landwirt betreut. Heute sind es 128 Personen. Die Versorgung der Bevölkerung mit gesunden Nahrungsmitteln und der Erhalt der Kulturlandschaft sind Hauptaufgaben der Landwirtschaft.

3. Bevölkerung

Mecklenburg-Vorpommern ist gegenwärtig durch einen permanenten Bevölkerungsrückgang gekennzeichnet. Folgt man den Hochrechnungen über die Entwicklung in den kommenden 15 Jahren, so lässt sich feststellen, dass die Bevölkerung von heute 1,7 Mio. Menschen auf 1,2 Mio. Einwohner im Jahre 2020 zurückgehen wird.

Grafik 2

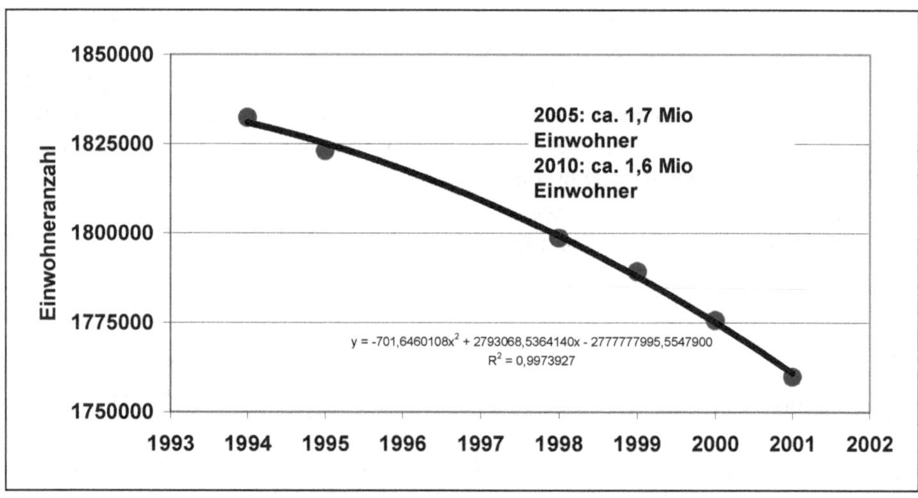

4. Arbeitskräfteentwicklung in der Landwirtschaft

Die Arbeitskräfte sanken gegenüber 1989 auf ein Fünftel ab. Dieser Arbeitskräfteabbau konnte teilweise durch soziale und arbeitsmarktpolitische Maßnahmen der Bundesregierung abgefedert werden. Nach Schätzungen erhielten rund 135.000 Personen aus der Landwirtschaft Vorruhestands- und Altersübergangsgeld; 40.000 Personen gingen in Rente; weitere 120.000 wanderten in andere Berufe ab. Dennoch ist die Arbeitslosenquote besonders im ländlichen Raum sehr hoch.

Grafik 3

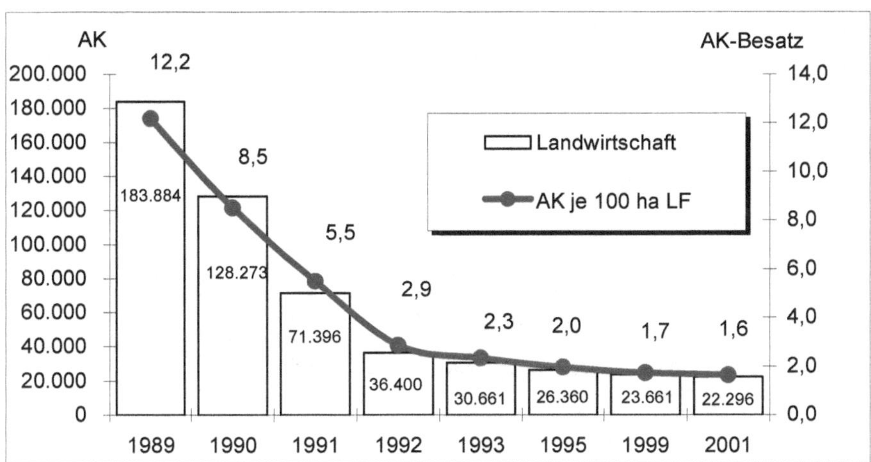

Wie in allen Bundesländern, besonders aber in den östlichen, ist die Geburtenrate seit 1990 drastisch zurückgegangen. So müssen wir einen so genannten Wendeknick in der Bevölkerungsentwicklung feststellen. Dieser hat besonders in der Anzahl der Schulabgänger seine Auswirkungen. So steht ab dem Jahr 2006/7 nur noch die Hälfte der Schulabgänger für eine Berufsausbildung zur Verfügung.

Unter dem Gesichtspunkt, dass gleichzeitig ein Generationswechsel in der Landwirtschaft „vor der Tür" steht, und zwar nicht nur auf der Führungs-, sondern auch auf der Facharbeiterebene, steht die Landwirtschaft vor einem Problem.

Die Landesregierung hat dieses Problem frühzeitig erkannt und durch verschiedene Maßnahmen zur Lösung desselben beigetragen.

Gemeinsam mit dem Bauernverband Mecklenburg-Vorpommern und der Landesregierung wurde ein Modellvorhaben für drei Jahre vereinbart, in dem sieben Koordinatoren einerseits geeignete Jugendliche in den allgemeinbildenden Schulen für den „grünen" Beruf anwerben, andererseits in den Schulen an einer positiven Imageentwicklung der Landwirtschaft gearbeitet wird. Träger dieser Maßnahme ist der Bauernverband Mecklenburg-Vorpommern.

Im Ergebnis konnten nach zwei Jahren Projektarbeit rund 90 Auszubildende mehr in die Ausbildung der grünen Berufe vermittelt werden als im Vorjahr.

Grafik 4

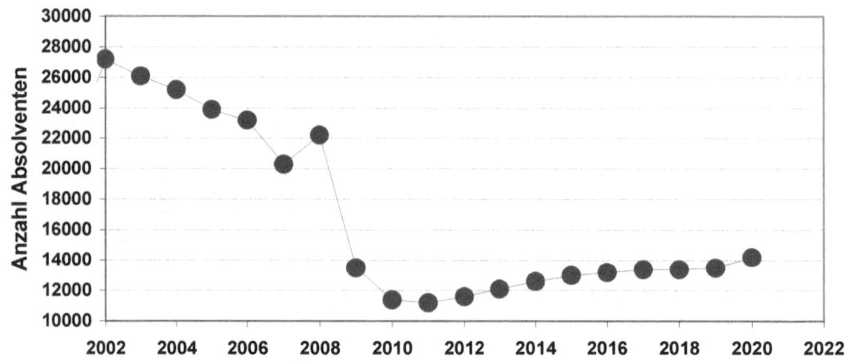

5. Entwicklung der Tierproduktion in Mecklenburg-Vorpommern

Im Jahre 1989 wurden in den landwirtschaftlichen Betrieben 5,7 Mio. Rinder – das entspricht einem Viehbesatz von 92,8 je 100 ha LF –, sowie 2,0 Mio. Kühe und 12,1 Mio. Schweine gehalten.

Grafik 5

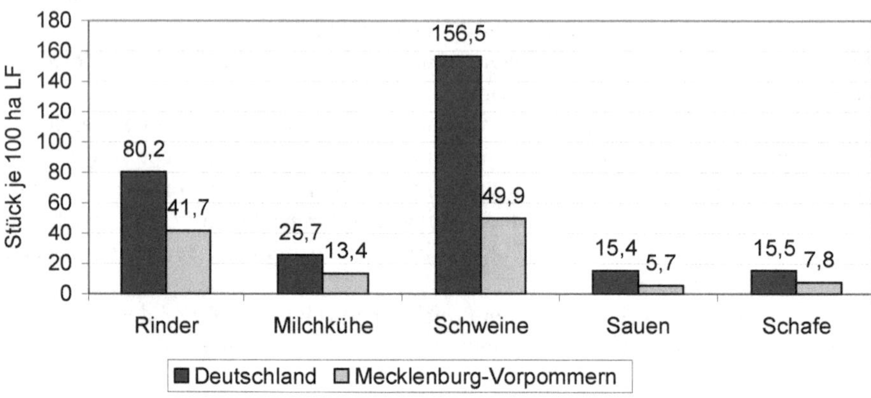

Die oben stehende Grafik verdeutlicht den starken Rückgang der Tierbestände in Mecklenburg-Vorpommern. Nur noch 41,7 Rinder je 100 ha LF, 13,4 Kühe je 100 ha LF, 49,9 Schweine je 100 ha LF werden in Mecklenburg-Vorpommern bewirtschaftet. Der bundesdeutsche Vergleich ergibt den niedrigsten Tierbesatz in Deutschland.

Nach BSE und MKS konnten sich andere Tierarten auf dem Verbrauchermarkt durchsetzen. Die Putenproduktion hat seitdem eine kontinuierliche Steigerung erfahren.

Die Mutterkuhhaltung hat seit Mitte der 1990er Jahre ebenfalls eine kontinuierliche Steigerung zu verzeichnen. Der hohe Grünlandanteil in Mecklenburg-Vorpommern hat diese Entwicklung forciert.

Grafik 6

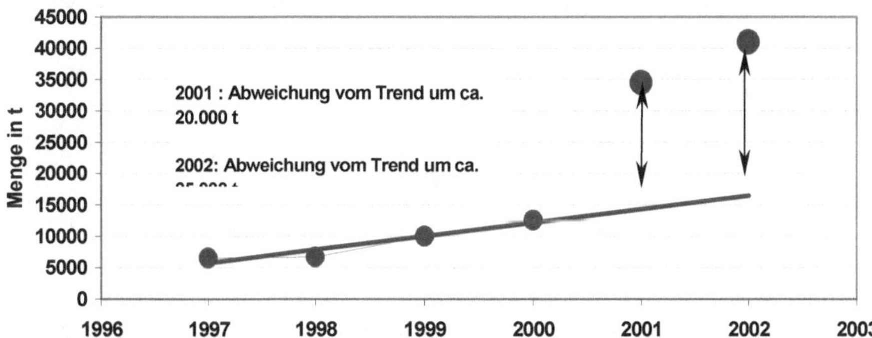

Grafik 7

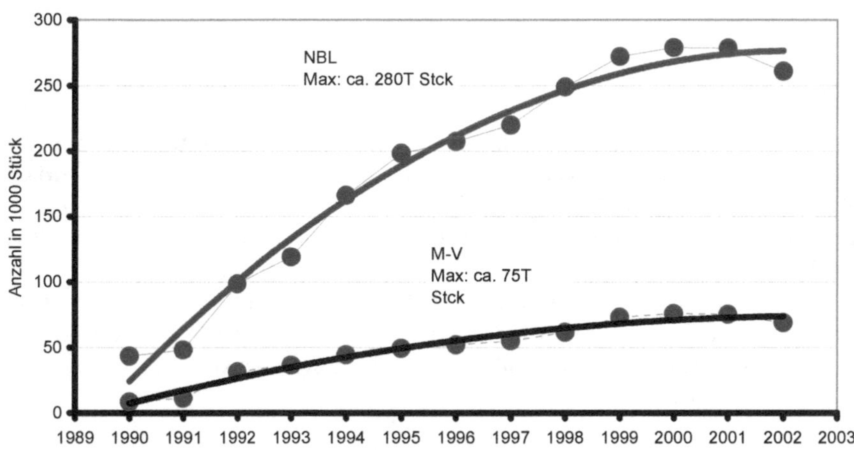

Seit 1990 konnte ein ernorme Leistungsentwicklung verzeichnet werden.

Grafik 8

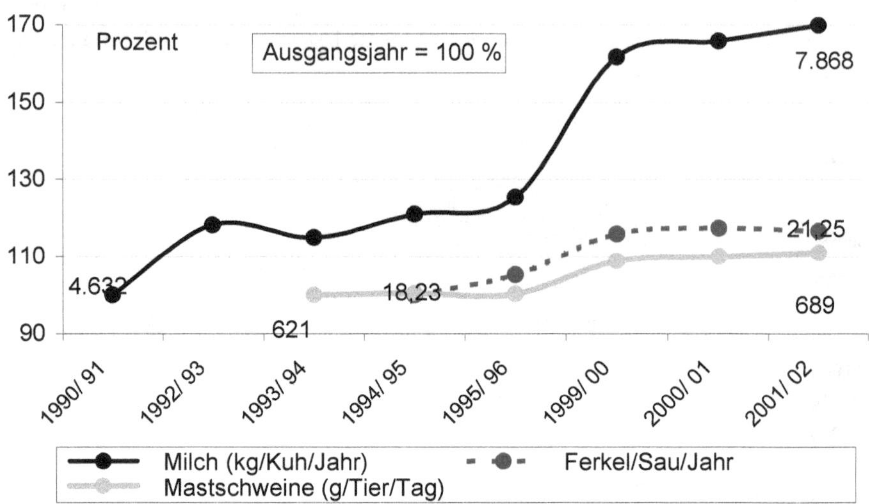

Die Milchleistung hat in diesem Jahr einen Höchststand mit rund 8.000 kg je Kuh und Jahr erreicht. Erfolgreiches Management, artgerechte Tierhaltung und Fütterung und gut ausgebildete Fachkräfte sind die „Ursachen“ für eine derartige Leistungsexplosion.

Ebenso ist eine ernorme Leistungsentwicklung in der Schweinezucht und -mast zu verzeichnen.

6. Entwicklung der Pflanzenproduktion in Mecklenburg-Vorpommern

Das Getreideanbauverhältnis hat sich seit 1878 nicht wesentlich geändert. Seit dieser Zeit werden auf 55 % der Ackerfläche Getreide angebaut. Der Anbau von Ölfrüchten hat sich auf nunmehr – der EU-Agrarpolitik geschuldet – 21 % entwickelt. Der Kartoffelanbau ist dramatisch zurückgegangen und beträgt nur noch 16.000 ha (1990 rund 80.000 ha).

Wie in der Tierproduktion haben sich die Ertragsleistungen der Pflanzen bedeutend erhöht. Durch modernste Produktionstechniken und -verfahren, durch ein modernes Management und eine gute Aus- und Weiterbildung der Fachkräfte konnte diese Entwicklung verzeichnet werden.

Tabelle 3

Fruchtart	1996 - 2001	2001	2002
	dt/ha		
Getreide	67,0	74,5	65,3
Winterraps	36,4	41,8	32,2
Silomais	380,3	398,0	379,1
Zuckerrüben	464,3	479,0	487,9
Futtererbsen	31,2	32,5	25,6
Kartoffeln	337,8	365,9	361,6

7. Entwicklung des ökologischen Landbaus in Mecklenburg-Vorpommern

Nicht erst seit Frau Künast hat sich der ökologische Landbau in Mecklenburg-Vorpommern entwickelt.

Produzierten 1993 noch 373 Betriebe der Landwirtschaft und des Gartenbaus nach den Prinzipien der EG-Verordnung 2092/91, waren es 2001 bereits 605 mit einer Gesamtfläche von über 100.000 ha.

Tabelle 4

Wirtschaftszweig	Anzahl Betriebe	Tha LF	Anzahl Betriebe	Tha LF
	1993		2002	
Betriebe des verarb. Gewerbes, der Landwirtschaft und des Gartenbaues	**380**	-	**670**	-
darunter: Landwirtschafts- u. Gartenbaubetriebe	373	75,15	605	103,80

Das entscheidende Moment ist der Markt; nur, wer am Markt mit Nahrungsmitteln von hoher Qualität agieren kann, hat Erfolgschancen. Dabei ist besonders festzustellen, dass Rindfleisch für Alete aus einem Rindermastbetrieb kommt, der zusätzlich mit Umweltauflagen zur Nutzung seiner Salzwiesen die Rinder nach dem o.g. Prinzip mästet.

8. Beitrag Mecklenburg-Vorpommerns bei der Vorbereitung der Kandidatenländer auf ihren Beitritt in die Europäischen Union

a. Allgemeines

Mecklenburg-Vorpommern hat frühzeitig die Vorbereitung seiner Nachbarn auf den Beitritt in die Europäische Union begonnen. Einerseits war dieses durch die Grenznähe und den Ostseeraum bedingt, andererseits waren die Erfahrungen, die Mecklenburg-Vorpommern seit 1990 in der Umsetzung von EU-Recht gemacht hat, Grundlage für Partnerschaftsprojekte mit verschiedenen Ländern.

b. Twinningprojekte

Mecklenburg-Vorpommern hat gemeinsam mit den Republiken Estland, Polen und Litauen sowie mit der Woiwodschaft Westpommern die Beitrittsvorbereitungen der Länder aktiv mitgestaltet.

Auf den Gebieten der Entwicklung der phytosanitären und veterinärmedizinischen Grenzkontrollsysteme, der Entwicklung der Pflanzenschutzdienste und des Aufbaus der Kontrolldienste haben Lang- und Kurzzeitexperten ihr Wissen und Können sowie ihre Erfahrungen in den Aufbau der Verwaltungsstrukturen einbringen können.

c. Bilaterale Beziehungen

Im Laufe der Durchführung der Twinningprojekte und auf Basis der intensiven fachlichen Kooperation hat Mecklenburg-Vorpommern auf dem Agrarsektor mit den Republiken Estland, Litauen und der Wojewodschaft Westpommern Vereinbarungen zur Entwicklung der bilateralen Zusammenarbeit abgeschlossen.

Mit der Wojewodschaft Westpommern, dem direkten Nachbarn, wurde auf der Grundlage und für die Verwirklichung der Gemeinsamen Erklärung über die grenzüberschreitende Zusammenarbeit zwischen der Wojewodschaft Westpommern und dem Land Mecklenburg-Vorpommern vom 18. Juni 2000 die gemeinsame Vereinbarung auf dem Agrarsektor im November 2001 zwischen dem Wojewoden, dem Marschall und dem Landwirtschaftsminister abgeschlossen. Es wurden acht Arbeitsgruppen gebildet:

- Entwicklung ländlicher Raum
- Entwicklung der Landwirtschaft und Ernährungswirtschaft
- Beratung und Bildung
- Fischereiwirtschaft
- Forstwirtschaft
- Veterinär-, Lebensmittel- und phytosanitäre Überwachung
- Bewirtschaftung des landwirtschaftlichen Bodens
- Zusammenarbeit der Hochschulen, Lehreinrichtungen und wissenschaftlichen Institute.

Die Vereinbarung für die bilaterale Zusammenarbeit auf dem Agrarsektor mit der Republik Estland wurde im November 1999 durch den Landwirtschaftsminister unterzeichnet.

Sie hat intensive Arbeitskooperationen auf dem Gebiet der Unterstützung beim Aufbau der Verwaltung, der Entwicklung intensiver Kooperationen mit den Fachverbänden, mit den agrarwissenschaftlichen Lehr- und Forschungseinrichtungen sowie die fachliche Beratung und Unterstützung insbesondere auf dem Sektor der Veterinär-, Lebensmittel- und phytosanitären Überwachung und der Verwaltung der Quotensysteme zum Inhalt. Jährlich werden detaillierte Projekte vereinbart.

Die Vereinbarung über die bilaterale Zusammenarbeit auf dem Agrarsektor mit der Republik Litauen wurde im Mai 2002 unterzeichnet.

Diese Vereinbarung zielt auf die fachliche Beratung bei der Umsetzung von Gemeinschaftsrecht in entsprechendes nationales Recht, auf den Austausch und die Schulung von litauischen Führungskräften der Land- und Ernährungswirtschaft in ausgewählten Institutionen des Landes Mecklenburg-Vorpommern einschließlich des Ministeriums für Ernährung, Landwirtschaft, Forsten und Fischerei Mecklenburg-Vorpommern sowie auf den Aufbau einer fachlichen Zusammenarbeit zwischen beiden Ministerien, einschließlich nachgeordneter Einrichtungen der beiden Ministerien sowie zwischen dem Berufsstand und den Verbänden beider Länder ab.

Alle bilateralen Kooperationen haben zum Ziel, das gemeinsame Kennen lernen zu gestalten, zur Ausgestaltung des Integrationsprozesses beizutragen sowie wirtschaftliche und berufsständische Kooperationen zu entwickeln.

Die Kooperationen mit allen Kandidatenländern waren von Erfolg gekrönt und haben zur Völkerverständigung beigetragen.

Transeuropäische Verkehrsnetze in Mittel- und Osteuropa und die Wirkungen ihres Ausbaus auf die Regionalentwicklung der neuen Länder

Jobst Zander

1. Allgemeine Erläuterungen

Als Verkehrsachse wird eine auf eine Hauptrichtung orientierte Folge kürzester Verkehrsverbindungen zwischen jeweils zwei aufeinanderfolgenden Knoten bezeichnet. In der Regel ist damit auch die Gesamtstrecke die (zeit-)kürzeste Verbindung zwischen dem Anfangs- und Endknoten einer Achse. Verkehrsverbindungen entstehen als Folge von Verkehrsbeziehungen, die wiederum das Resultat makro- und mikrostruktureller Verflechtungen und Entwicklungen sind, sie bilden sich auf großräumiger, überregionaler, regionaler und lokaler Ebene. Die sich im Ergebnis dieser Verkehrsbeziehungen herausbildenden Verkehrsströme lassen sich entsprechend zu großräumigen, überregionalen, und (hier nicht behandelten) regionalen sowie lokalen Verkehrsachsen zusammenfassen.

Überwiegend bestehen Achsen aus zwei Verkehrstrassen (Schiene, Autobahn bzw. Fernverkehrsstraße). In der Summe bilden die Verkehrsachsen das regional, überregional bzw. großräumig bedeutsame Verkehrsnetz. Von Interesse ist hier das transeuropäische Verkehrsnetz (Transeuropean Network, TEN), welches ausschließlich aus großräumig bedeutsamen und länderverbindenden Verkehrsachsen besteht und von der EU im Jahre 1997 in Helsinki definiert wurde. Im Hinblick auf die bevorstehende EU-Osterweiterung erfuhr dieses Netz, welches zunächst nur die transeuropäischen Korridore Westeuropas einschließlich der großräumig bedeutsamen Verkehrsachsen Ostdeutschlands umfasste, eine weitere Ergänzung durch die wichtigsten Korridore der künftigen osteuropäischen EU-Mitgliedsstaaten (Paneuropean Network, PAN). Von unmittelbarer Bedeutung für die östlichen Bundesländer sind dabei die Korridore II (Berlin – Frankfurt/Oder – Posen – Warschau), III (Eisenach – Erfurt – Dresden – Breslau – Krakau) und IV (Berlin – Dresden – Prag – Budapest). Das Einzugsgebiet eines solchen paneuropäischen Korridors ist erheblich.

2. Die Entwicklung der großräumig bedeutsamen Verkehrsströme in Mittel und Osteuropa

Alle Korridore wurden nach Größe und Richtung der transeuropäischen Verkehrsströme festgelegt, dabei ist die Entwicklung dieser Ströme durchaus nicht statisch verlaufen.

So sind die östlichen Bundesländer seit der Wende im Hinblick auf die Verkehrsbeziehungen zwischen den alten und den neuen Bundesländern, aber auch zwischen Ost- und Westeuropa mit steigender Tendenz zu klassischen Durchreiseländern mit hoher Bedeutung der Transitverkehre geworden.

Die Folge dieser Entwicklungen ist, dass mit der Änderung der Verkehrsströme früher wichtige Verkehrsachsen an Bedeutung verloren, während bis vor wenigen Jahren kaum relevante Verkehrsachsen oder -achsenabschnitte nunmehr von hervorragender Wichtigkeit für die östlichen Bundesländer und darüber hinaus geworden sind. Erkennbar wird, dass vor der Wende zumindest auf dem Gebiet der ehemaligen DDR die nord-süd-orientierten Verkehrsströme dominierten, die Hauptverkehrsachsen waren auf die schnelle Erreichbarkeit von Berlin, der Bezirksstädte sowie (mit Abstrichen) der östlichen RGW-Metropolen ausgerichtet. Die Verbindungen nach Westdeutschland spielten nur eine untergeordnete Rolle. Dies änderte sich aber nach der Wende erheblich. Mit dem Ausbau der Verkehrswege in die alten Bundesländer durch die „Verkehrsprojekte deutsche Einheit“ (VdE) wurde dem veränderten Verkehrsbedarf sehr schnell Rechnung getragen und die Anbindung der ostdeutschen Städte und Gemeinden an das hochrangige (west-)europäische Verkehrsnetz gesichert.

3. Verkehrsbedarf und Ausbauzustand der Korridore

Mit der bevorstehenden EU-Osterweiterung aber wird sich die Situation erneut ändern. Mit steigender Motorisierung (d. h. Anzahl Pkw/1.000 Einwohner) und wachsendem Wohlstand auch in diesen Ländern wird sich der Verkehrsbedarf nicht nur auf eine verbesserte verkehrliche Infrastruktur im eigenen Lande, sondern auf eine schnelle verkehrliche Erreichbarkeit der Staaten Mittel- und Westeuropas richten.

Abbildung 1: Entwicklung der Lkw-Ein- und Transitfahrten aus MOE-Herkunftsländern

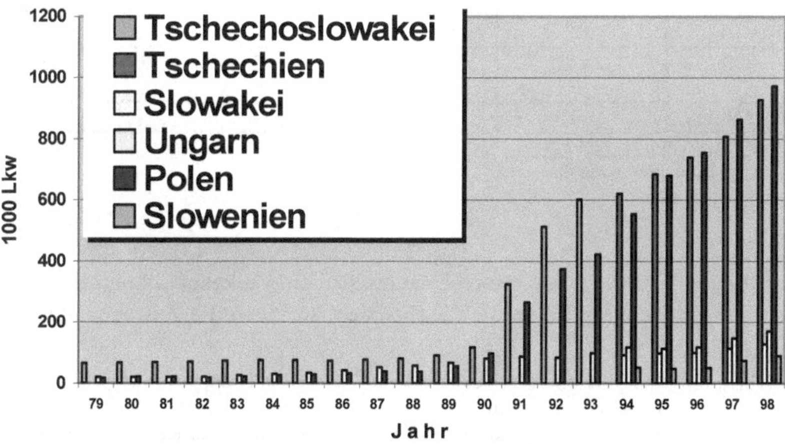

Quelle: „Verkehr in Zahlen 1999” (28. Jahrgang), Bundesministerium für Verkehr, Bau- und Wohnungswesen.

Entsprechend werden die Verkehrsströme in Richtung dieser Länder an Stärke zunehmen (Abb. 1). Zwar wird die Motorisierung etwa in Polen oder in der Republik Tschechien (sie beträgt derzeit etwa 260 bzw. 370 Pkw/1.000 Ew.) nicht in dem Tempo zunehmen, wie es in Ostdeutschland nach der Wende geschah (Verdoppelung des Bestandes innerhalb von 5 Jahren), doch von einer Angleichung an das westeuropäische Niveau (ca. 650 Pkw/1.000 Ew.) in historisch kurzer Frist ist auszugehen. Wie überall spielt die Entwicklung des Lohnniveaus die entscheidende Rolle für den Kauf eines Pkw. Wie groß der Nachholbedarf im Vergleich zu Deutschland noch ist, zeigt das Beispiel zweier tschechischer Grenzregionen (vgl. Tab. 1).

Tabelle 1: Lohnniveau in ausgewählten deutsch-tschechischen Grenzräumen (Stand 2001)

Sachsen			**Verwaltungseinheit Aussig (Ústí nad Labem)**			
LK, KS	*Ew*	*Ø-Lohn (Brutto)*	*LK, KS*	*Ew*	*Ø-Lohn (Brutto)*	
		*[DM]***			*[CZK]*	*[DM]**
LK Sächs. Schw.	166.600	3.613	Tetschen (Decín)	133.649	12.151	690,4
LK Freiberg	156.500	3.262	Leitmeritz (Litomerice)	114.067	12.024	683,2
Weißeritzkreis	119.300	3.502	Teplitz-Schönau (Teplice)	128.533	13.382	760,3
			Aussig (Ústí nad Labem)	118.684	13.332	757,9
Euregio Egrensis (ostdeutscher Teil)			**Euregio Egrensis (tschechischer Teil)**			
LK, KS	*Ew*	*Ø-Lohn (Brutto)*	*LK, KS*	*Ew*	*Ø-Lohn (Brutto)*	
		*[DM]***			*[CZK]*	*[DM]*
Aue-Schwbg..	146.191	3.227	Eger (Cheb)	87.212	11.562	656,9
Vogtlandkreis	214.150	3.227	Karlsbad (Karlovy Vary)	122.788	11.844	672,9
Saale-Orla-Kreis	100.472	3.467	Falkenau (Sokolov)	94.919	12.519	711,3
Greiz	126.137	3.217				

* bei einem Umrechnungskurs CZK : DM = 17,6 : 1.

** Löhne/Gehälter im produzierenden Gewerbe.

Quelle: EU-Projekt „Sustrain".

Vergleicht man die Entwicklung im grenzüberschreitenden Verkehrsaufkommen von 1991 und 1999[1] aus/in Richtung Polen und Tschechien, so lagen die Zuwachsraten in

1 Vgl. EU-Projekt „Sustainable Transport Infrastructure and Intermodal Transport Concepts for Northern Central Europe (EU-Projekt „Sustrain": Nachhaltige Verkehrsinfrastruktur und intermodale Verkehrskonzepte für das nördliche Zentraleuropa, Untersuchungen zum transeuropäischen Korridor IV Berlin-Dresden-Prag-Wien/Budapest), [Sächsisches Staatsministerium des Innern, Gemeinsame Landesplanungsabteilung Berlin-Brandenburg, Thüringer Staatskanzlei, Ministerium für Raumordnung, Landwirtschaft und Umwelt von Sachsen-Anhalt, Amt der Burgenländischen Landesverwaltung Eisenstadt/Österreich, Ministerium für Regionalentwicklung der Republik Tsche-

diesem Zeitraum zwischen 300 und 400%. Mindestens von einer Verdoppelung der Verkehrsaufkommen im motorisierten Individualverkehr (MIV) zwischen den ostdeutschen Bundesländern und den mittel- und osteuropäischen Staaten (MOE-Staaten) sollte deshalb bis zum Jahre 2010 ausgegangen werden (vgl. Tab. 2).

Tabelle 2: Verkehrsmengenzunahme (alle Grenzübergangsstellen Ostdeutschlands in Richtung mittel- und osteuropäische Staaten)

Jahr	Verkehrsmengenzunahme [2000 bzw. 2010 = 100 %]			
	Straße		Schiene	
	von/nach Polen	von/nach Tschechien	von/nach Polen	von/nach Tschechien
2010	200-300	300-400	130	150
2015	150-200	200-300	120	130

Quelle: eigene Berechnungen.

Gestützt werden diese Annahmen auch durch die Entwicklungen im grenzüberschreitenden Güterverkehr. Dessen Verkehrsmengenzunahme im Zeitraum zwischen 1979 und 1989 aus den MOE-Staaten nach Deutschland (einschließlich Transitfahrten) ist in Abbildung 1 dargestellt. Erkennbar ist der steile Anstieg des Lkw-Aufkommens seit dem Jahre 1989.

Tabelle 3: Ausbauzustand ausgewählter tschechischen Schienenstrecken

Strecke	Länge [km]	Elektrifizierung	Anzahl der Gleise	v_{max} [km/h]	Fahrgeschwindigkeit [km/h]
Eger (Cheb) – Schönberg (Vojtanov) Schönberg (Vojtanov) – Bad Brambach	25	ja nein	eingleisig	60	**<50**
Komotau (Chomutov) - Kaaden (Kada) Kaaden (Kada) - Karlsbad (Karlovy Vary) Karlsbad (Karlovy Vary) - Eger (Cheb)	110	ja nein ja	zweigleisig	60-100	**53**
Komotau (Chomutov) - Kladno	127	z.T.	z.T. nur eingleisig	60-80	**54**
Pilsen (Plzen) - Eger (Cheb) Eger (Cheb) – Schirnding	119	ja nein	20 km zweigleisig, sonst eingleisig	90-100	**73**
Pilsen (Plzen) - Prag (Praha)	114	ja	zweigleisig	100	**76**
Prag (Praha) - Bad Schandau	157	ja	zweigleisig	80-160	**81**

Quelle: EU-Projekt „Sustrain".

chien, Zentrum für Raumplanung und Umweltregionalisierung Bratislava, Slowakische Republik, Ministry for Environment and Regional Policy Budapest/Ungarn].

Stellt man dem Verkehrsbedarf bzw. der zu erwartenden Entwicklung der Verkehrsmengen aus Richtung Ost- und Südosteuropa den derzeitigen Zustand der verkehrlichen Infrastruktur gegenüber, so wird zumindest der gegenwärtige Ausbauzustand der Verkehrsnetze in den MOE- Staaten den künftigen Anforderungen nicht gerecht. Vor allem der Zustand der Eisenbahnstrecken lässt noch viele Wünsche offen (vgl. Tab. 3).

Sehr viele Strecken sind modernisierungsbedürftig und genügen nicht den Ansprüchen eines modernen Regional- und Fernverkehrs. Beispielhaft sei hier die Strecke Nr. 273 Frankfurt (Oder) – Glogau (Glogow) – Breslau (Wrocław) genannt. Allerdings ist auf dem Abschnitt von Breslau (Wrocław) bis Arnsdorf (Milkow) im Rahmen des Paneuropäischen Korridors III der Ausbau auf 160 km/h geplant.

Die Reisezeiten im Schienenpersonenverkehr (SPV) sind durchschnittlich doppelt so lang wie im motorisierten Individualverkehr.

Tabelle 4: SPNV-Reisezeiten in Minuten im deutsch-tschechischen Grenzraum

	Eger (Cheb)	**Falkenau (Sokolov)**	**Karlsbad (Karlovy Vary)**	**Teplitz (Teplice)**	**Aussig (Usti)**	**Tetschen (Decin)**	**Leitmeritz (Litomerice)**	**LK Tirschenreuth**	**Hof, Stadt**	**LK Hof**	**LK Wunsiedel**	**Plauen, Stadt**	**Zwickau, Stadt**	**LK Freiberg**	**Vogtlandkreis**	**LK Aue-Schwarzenberg**	**Dresden, Stadt**	**LK Sächsische Schweiz**	**Weißeritzkreis**	**Prag**
Eger (Cheb)								116	107	107	72	159			159					
Falkenau (Sokolov)												211			211	296				
Karlsbad (Karlovy Vary)												233			233	212				
Teplitz (Teplice)														217			160		339	165
Aussig (Usti)																	136	122	316	137
Tetschen (Decin)																	114	100		162
Leitmeritz (Litomerice)																	189			172
LK Tirschenreuth	116																			
Hof, Stadt	107																			
LK Hof	107																			
LK Wunsiedel	72																			
Plauen, Stadt	159	211	233																	
Zwickau, Stadt																				
LK Freiberg				217																
Vogtlandkreis	159	211	233																	
LK Aue-Schwarzenberg		296	212																	
Dresden, Stadt				160	136	114	189													226
LK Sächsische Schweiz					122	100														
Weißeritzkreis				339	316															
Prag				165	137	162	172										226			

Die aktuellen Reisezeiten zwischen ausgewählten Quell- und Zielorten etwa im deutsch-tschechischen Grenzraum möge die Tabelle 4 verdeutlichen.

So ist etwa das böhmische Bäderdreieck mit seinen weltbekannten Kurorten innerhalb akzeptabler Reisezeiten nicht erreichbar (z. B. Plauen-Karlsbad 233 Minuten, noch ungünstiger ist die Situation etwa von Erfurt oder Frankfurt/Oder aus). Auch die Reisezeiten im Schienenpersonenfernverkehr etwa zwischen Dresden und Budapest sind nicht zeitgemäß und unterscheiden sich von denen der 1960er Jahre nur unwesentlich. Entsprechend ist das Zugangebot, wo es sogar zu einer Reduzierung der Zugpaare zwischen Prag und Bad Schandau im Zeitraum zwischen 1995 und 2001 kam (vgl. Tabelle 5).

Tabelle 5:

Strecke	Züge/d Personenverk.		Züge/d Güterverkehr	
	1994-95	2000-01	1994-95	2000-01
Prag-Bubene – Kralup (Kralupy n/V)	46/44	45	26/25	10/11
Kralup (Kralupy n/V) – Raudnitz (Roudnice n/L)	39/37	34	23/24	11/13
Raudnitz (Roudnice n/L) – Lobositz (Lovosice)	39/38	33	31/32	23/21
Lobositz (Lovosice) – Aussig (Ústi n/L) Hbf.	39/38	35	38/42	32/30
Aussig (Ústi n/L) Hbf. - Aussig (Ústi n/L) Norden.	38/41	35	24/23	20/23
Aussig (Ústi n/L) Norden - Tetschen (Decin) Hbf.	38/41	35	22/21	18/21
Tetschen (Decin) Hbf. - Tetschen (Decin) -Prost edni leb	29	22	9/23	11/38
Tetschen (Decin) -Prost edni leb – Dolni leb	31	22	25/7	30/2
Dolni leb – Bad Schandau	17	9	20/18	41/40

4. Ausbau der verkehrlichen Infrastruktur

Wichtiges Instrumentarium zur Förderung eines gut funktionierenden, nachhaltigen Verkehrssystems ist der Aufbau transeuropäischer Netze (TEN) in den Bereichen Verkehr, Telekommunikation und Energieversorgung. Hierzu ist die EU durch den Unionsvertrag verpflichtet. Der Verkehr ist mit über 80% des TEN-Budgets der bedeutsamste Bereich. Die Entwicklung der TEN- bzw. PAN-Korridore stellt ein wesentliches Instrument der Raumentwicklung zur Kooperation der Städte und der Verbindung zur Fachpolitik dar. Diese Korridore

- sichern die großräumigen Verkehrsbeziehungen bzw. den Transitverkehr und bündeln die Verkehrstrassen im Bereich der Ost-West- bzw. Nord-Süd-Verbindungen,
- verbessern durch ihren gezielten Ausbau die Erreichbarkeit und Lagegunst regionaler und überregionaler Zentren und tragen zu einer ausgewogenen zentralörtlichen Gliederung sowie zur Entwicklung der Raumstrukturen in den Regionen bei und

- begünstigen die Standortbedingungen in den Zentren durch zeitgünstige Anbindung der Gewerbegebiete und der zentralen Einrichtungen an die überregionalen und großräumig bedeutsamen Verkehrsachsen.

Zwar hat es im Ausbau der verkehrlichen Infrastruktur seit der Wende in den östlichen Bundesländern erhebliche Fortschritte gegeben und weitere Ausbaumaßnahmen sind geplant (vgl. schienenseitige Ausbaumaßnahmen des Korridors III, sechsspuriger Ausbau der Autobahnen A 2 und A 4 [TEN-Korridore II und III]). Im länderüberschreitenden Verkehr macht es allerdings wenig Sinn, wenn sich die Ausbaumaßnahmen allein auf ein Land konzentrieren. So gibt es immer noch einen erheblichen Nachholbedarf in den polnischen Abschnitten des Korridors II und III, ganz zu schweigen von der Verbindung Stettin – Danzig (Anschluss an den Korridor I).

5. Chancen und Risiken des Verkehrswegeausbaus

5.1 Die verkehrliche Lagegunst als Standortfaktor

In den neuen Bundesländern wurde nach der Wende besonders spürbar, dass der forcierte Ausbau der Verkehrswege nicht nur einen grundsätzlichen Wandel in den Verkehrbeziehungen zwischen den Gemeinden, Städten und Regionen, sondern auch erhebliche strukturelle Veränderungen in den Gemeinden und Städten selbst bewirkt hat. Sehr bald stellte sich heraus, dass sich vor allem diejenigen Gewerbegebiete besser entwickelten, die über eine gute Verkehrsanbindung an das überregionale Verkehrsnetz verfügten. Darüber hinaus war festzustellen, dass es zwischen einer gut ausgebauten verkehrlichen Infrastruktur und den wirtschaftlichen, raumstrukturellen und auch demographischen Entwicklungen in den Städten und Gemeinden im Einzugsbereich der überregional bedeutsamen Verkehrstrassen signifikante Wechselwirkungen gibt.[2]

So hat etwa der Ausbau der Autobahnen in den neuen Bundesländern nicht nur zur Ansiedlung von Industrie und Gewerbe und damit zur Schaffung neuer Arbeitsplätze beigetragen, sondern auch in nicht unerheblicher Weise die Entwicklung der angrenzenden Städte und Gemeinden mitbestimmt. Die „Katalysatorfunktion Autobahn" lässt sich hier für die Entstehung regionaler und überregional bedeutsamer Wirtschaftsstrukturen, Siedlungs- und Versorgungszentren besonders gut nachweisen, da die Veränderungen – für jedermann sichtbar – in einem denkbar kurzen Zeitraum stattfanden.

Auf der anderen Seite wirken die neu entstandenen Wirtschafts- und Siedlungsstrukturen auf die Verkehrsinfrastruktur zurück. Es wird zusätzlich Verkehr erzeugt und der Bedarf an noch leistungsfähigeren Verkehrswegen wächst. Die hochrangige Eisenbahnverbindung und die ausgebaute Bundesstraße mit der schnelleren Zufahrt zur Autobahn

2 Wissenschaftlich wurden die Wechselwirkungen zwischen Raumstrukturen und Verkehr in den Projekten „Aktualisierung und Weiterentwicklung verfügbarer Modelle zur Einschätzung des Einflusses von erwogenen Maßnahmen an der verkehrlichen Infrastruktur auf die regionale Beschäftigungssituation" (Universität Bremen, FE-Nr. 96484/97) sowie "Regionale Effekte durch Verbesserung der infrastrukturellen Rahmenbedingungen in Nordthüringen" (TMWI 1999) nachgewiesen.

verbessern die Lagegunst von Industrie- und Gewerbestandorten weiter, geben Anreize für Investoren zur Schaffung neuer Arbeitsplätze etc.

Allerdings ist auch festzuhalten, dass der Standortfaktor „Verkehrsinfrastruktur" allein wenig bewirkt. So schafft eine aufgewertete Eisenbahnstrecke oder der Neubau einer Autobahn in einer ansonsten strukturschwachen Region zunächst keine oder nur sehr wenig Arbeitsplätze. Wesentlich aber ist, dass eine gute verkehrliche Infrastruktur alle anderen Faktoren aufwertet bzw. für sie eine wesentliche Voraussetzung ist.

5.2 Erreichbarkeit und sozio-ökonomische Strukturstärke von Regionen

Den Zusammenhang zwischen verkehrlicher Erreichbarkeit von Regionen und ihrer sozio-ökonomischen Stärke kann am Beispiel der Autobahn A 4 (TEN-Korridor III, Thüringer Abschnitt) verdeutlicht werden. Die sozio-ökonomische Strukturstärke der Thüringer Landkreise und kreisfreien Städte kann nach den Kriterien

- SV-Beschäftigte je 1.000 Einwohner,
- Investitionen im produzierenden Gewerbe je Beschäftigten,
- Umsatz im produzierenden Gewerbe je Beschäftigten,
- Arbeitslosenquote,
- nominelle Produktivität je Beschäftigten,
- Einpendler,
- Auspendler,
- Pendlersaldo,
- Beschäftigtenanteil primärer Sektor sowie
- Beschäftigtenanteil tertiärer Sektor

bestimmt werden.[3] Erkennbar wird, dass in den Regionen guter und sehr guter Erreichbarkeit (Zeitzonen bis zu 15 und bis zu 30 Minuten) auch diejenigen Landkreisen und kreisfreien Städte anzutreffen sind, die im sozio-ökonomischen Vergleich untereinander als „strukturstark", „eher strukturstark" bzw. „durchschnittlich" eingestuft, hingegen die Zonen schlechter und sehr schlechter Erreichbarkeit auch mit den Gebietskörperschaften besetzt sind, die in ihrer Strukturstärke als „strukturschwach" bzw. „eher strukturschwach" eingeschätzt wurden.

Wirtschaftliche Strukturanpassungs- und Transformationsprozesse haben allerdings in den verschiedenen Regionen Ostdeutschlands zu stark unterschiedlichen Ergebnissen geführt. Der wirtschaftliche Neuanfang vollzog sich dort am schnellsten, wo die verkehrsinfrastrukturelle Ausstattung über dem Durchschnitt anderer Regionen lag und günstige Standortfaktoren die Voraussetzung für den Umbau bzw. die Neuansiedlung von Industrie und Gewerbe schufen. Entsprechend hatten Standorte im Einzugsgebiet bestimmter Zentralorte höherer Stufe sowie von raumbedeutsamen Verkehrsachsen von Anbeginn an bessere Startbedingungen als Standorte in peripher gelegenen Räumen. Es zeigte sich auch, dass der dann folgende Ausbau der hochrangigen Verkehrsnetze weite-

3 Vgl. „Raumordnerische Bewertung von Ausbaumaßnahmen für das Verkehrsnetz bei der Fortschreibung des Landesentwicklungsprogramms des Freistaates Thüringen" (TMWI 2001) im Auftrag der Thüringer Staatskanzlei (2001).

re Vorteile für die zentralen Regionen brachte und zur Herausbildung einer wettbewerbsfähigen Wirtschaft beitrug („Leuchtturmeffekt" industrieller Kerne). Strukturschwachen, meist peripher gelegenen Regionen hingegen brachte der Ausbau der raumbedeutsamen Verkehrsachsen zunächst keinen unmittelbaren Nutzen. Im Gegenteil, er führte zur besseren Erreichbarkeit strukturstärkerer Regionen und in vielen Fällen zur Arbeitsaufnahme großer Teile der arbeitslosen Bevölkerung in (zumeist westdeutschen) Städten und Gemeinden, der dann in der Regel die endgültige Abwanderung der oft hochqualifizierten Arbeitskräfte folgte („Absaugeffekte" raumbedeutsamer Verkehrsachsen).

5.3 Die EU-Osterweiterung und die Entwicklungschancen ostdeutscher Regionen

In ökonomischer Hinsicht ist der bevorstehende EU-Beitritt der mittel- und osteuropäischen Staaten als Chance vor allem für die ostdeutschen Bundesländer zu sehen, neue Märkte und Wirtschaftsräume zu erschließen. Hier sind die oftmals schon seit langer Zeit bestehenden vielfältigen wirtschaftlichen Verflechtungen, persönlichen Beziehungen, Orts- und Sprachkenntnisse, die Kenntnis der osteuropäischen Spezifika sowie die räumliche Nähe zu diesen Ländern durchaus als Standortvorteil gegenüber den alten Bundesländern zu begreifen. In der Konsequenz bedeutet dies zunächst den zielgerichteten Ausbau der Verkehrswege zu den wirtschaftlich höher entwickelten Regionen mit ihren Entwicklungspolen – d. h. der TEN- bzw. PAN-Korridore. Es ist anzunehmen, dass sich entlang dieser Korridore und im Bereich der alten Industriekerne ähnlich wie in Ostdeutschland die wirtschaftliche Entwicklung am schnellsten vollziehen wird. Der Ausbau der Wirtschaftsbeziehungen wird Vernetzungen und Verflechtungen ganzer Wirtschaftsbranchen weit über die Regionen hinaus zur Folge haben und zur Intensivierung des Personen- und Güterverkehrs zwischen Ostdeutschland und den MOE-Staaten beitragen.

Nachstehend soll am Beispiel des TEN-Korridors IV gezeigt werden, wie die Entwicklungschancen für die ostdeutschen Landkreise und kreisfreien Städte im Korridoreinzugsgebiet zu bewerten sind, wenn diese Verkehrsachse entsprechend dem Verkehrsbedarf bis zum Jahre 2010 ausgebaut werden wird.

Im Unterschied zur raumordnerischen prioritären Bewertung verkehrsinfrastruktureller Maßnahmen wurden mit dem hier angewendeten Bewertungsmodell die Wirkungen der Maßnahmen in ihrer Gesamtheit auf die Regionen, d. h. die einzelnen Landkreise und kreisfreien Städte des deutschen Korridor IV-Einzugsgebiets vor dem Hintergrund des bevorstehenden EU-Beitritts der MOE-Staaten evaluiert. Dem Status Quo standen dabei die Effekte der EU-Osterweiterung gegenüber, wie sie ohne begleitende verkehrliche Qualifizierungsmaßnahmen des TEN-Korridors IV (Szenario 1) als auch mit den entsprechenden Maßnahmen (Szenario 2) erwartet werden können. Die Kriterien

- Lage der Region im internationalen Verkehrsnetz,
- Anzahl und „Stärke" der Zentralorte und ihrer Einzugsbereiche,
- Lagegunst der Landkreise und kreisfreien Städte,
- Optimierung im Gesamtsystem (Personenverkehr),

- Internationale Erreichbarkeit im Güterverkehr,
- Demographie,
- Kaufkraft / Lohnniveau,
- Wertschöpfung,
- Verkehrssicherheit,
- Schadstoffemissionen und
- Nutzungskonflikte

wurden für jeden Landkreis und für jede kreisfreie Stadt bewertet sowie nach der veräderten Ausprägung dieser Kriterien bei Änderung der Rahmenbedingungen (d. h. EU Osterweiterung und Infrastrukturinvestitionen) in Bezug auf eine nachhaltige Entwicklung nach folgendem Schema beurteilt:

- Status Quo: Bewertung des Status Quo vor EU-Osterweiterung
- Szenario 1 (Wirkung Raumänderung):
  Bewertung der künftigen räumlichen Entwicklung nach der EU-Osterweiterung ohne verkehrsinfrastrukturelle Maßnahmenvorschläge. Nur die bereits in Bau befindlichen Vorhaben werden berücksichtigt.
- Szenario 2 (Wirkung Raumänderung mit Verkehrsinfrastrukturänderung):
  Bewertung der künftigen räumlichen Entwicklungsmöglichkeiten nach der EU-Osterweiterung unter Berücksichtigung der geplanten verkehrsinfrastrukturellen Maßnahmen.

Die Ergebnisse wurden im Vergleich der Chancen und Risiken tabellarisch zusammengestellt. Erkennbar wird, dass die Mehrzahl der Landkreise und kreisfreien Städte im Einzugsbereich des Korridors IV von dessen Ausbau profitieren werden.

5.4 Anmerkungen zum berufsbedingten Pendlerverkehr aus den böhmischen und westpolnischen Grenzregionen nach Deutschland

Nach vorsichtiger Abschätzung der Entwicklung des berufsbedingten Pendlerverkehrs zwischen Deutschland, Polen und Tschechien[4] scheinen die Befürchtungen nicht gerechtfertigt zu sein, wonach nach der EU-Osterweiterung mit einem riesigen Zustrom billiger Arbeitnehmer nach Deutschland zu rechnen ist. In diesem Zusammenhang sei auch auf die erheblichen Unterschiede im Niveau der Arbeitslosigkeit etwa zwischen der Ostslowakei und der Hauptstadt Preßburg (Bratislava), oder zwischen den Woiwodschaften Ostpolens und Warschau verwiesen, die dennoch keine Wanderungswellen ausgelöst haben. „Wenn die Menschen nicht einmal innerhalb ihres eigenen Landes übersiedeln, werden sie auch nicht in Massen nach Österreich (oder Deutschland) kommen". Die von Österreich und Deutschland geforderte siebenjährige Übergangsfrist für die Freizügigkeit beim Personenverkehr sei jedoch notwendig, um eine skeptische Bevölkerung für die EU-Osterweiterung zu gewinnen.

4 Vgl. Schlussbericht „Sustrain" (Teil F).

„Verwenden wir die Übergangsfristen doch als Beruhigungspille, die wir hoffentlich dann nicht brauchen werden.“[5] Die Situation nach der EU-Osterweiterung könnte dann durchaus der nach der EU-Süderweiterung gleichen, wo in Befürchtung bevorstehender riesiger Pendlerwellen nach Frankreich bzw. Westeuropa vorsorglich ebenfalls Übergangsregelungen geschaffen wurden, von denen jedoch niemals Gebrauch gemacht wurde, da die Migrationsbewegungen im befürchteten Umfang ausblieben. Eine theoretisch mögliche Einpendlerzahl von 70.000 Menschen aus Polen und etwa 65.000 aus der Republik Tschechien in die grenznahen Räume Ostdeutschlands wäre eine Obergrenze, die mit größter Wahrscheinlichkeit nicht erreicht wird.

Betrachtet man auf der anderen Seite die Bevölkerungsentwicklung und den damit verbundenen bevorstehenden Facharbeitermangel dieser Räume, so kann jede zusätzliche qualifizierte Arbeitskraft aus dem Ausland nur als Gewinn für die Region betrachtet werden (Tabelle 6).

Tabelle 6: Bevölkerungsentwicklung in den deutschen Grenzregionen des Korridor IV-Einzugsgebietes

Landkreis, kreisfreie Stadt	Bevölkerungsentwicklung[6]						
	1995	1998*	1995/98		2010**	1995/10	
			absolut	[%]		absolut	[%]
LK Märkisch.-Oderland	172.557	182.968	+10.411	+6,0	197.400	+24.843	13
KS Frankfurt (O)	80.807	75.710	-5.097	-6,3	70.100	-10.707	-15
LK Dahme-Spree	144.990	154.894	+9.904	+6,8	173.400	+28.410	16
LK Spree-Neiße	153.498	155.773	+2.275	+1,5	162.600	+9.102	6
LK Oder-Spree	190.839	196.655	+5.816	+3,0	202.900	+12.061	6
KS Cottbus	123.214	114.872	-8.342	-6,7	102.400	-20.814	-20
LK Kamenz	160.400	164.900	+4.500	+2,8	148.991	-11.409	-8
LK Oberspreewald-Laus.	156.758	150.414	-6.344	-4,0	134.800	-21.958	-16
KS Hoyerswerda	60.000	56.000	-4.000	-6,7	43.029	-16.971	-39
LK Sächs. Schweiz	159.600	166.600	+7.000	+4,4	139.400	-20.200	-14
LK Freiberg	155.800	156.423	+ 623	+0,4	143.637	-12.163	-8
Weißeritzkreis	115.000	119.332	+4.332	+3,8	117.999	+2.999	3
Aue-Schwarzenberg	150.100	146.191	-3.909	-2,6	132.938	-17.162	-13
Vogtlandkreis	216.000	214.150	-1.850	-0,9	189.190	-26.810	-14
Saale-Orla-Kreis	102.247	100.472	-1.820	-1,7	94.700	-7.547	-8
Greiz	127.536	126.137	-1.399		120.100	-7.436	-6

Quellen: “Regionalisierte Bevölkerungsprognose für den Freistaat Sachsen bis 2015“, Statistisches Landesamt des Freistaates Sachsen (2000), Variante 2; sowie Landesämter für Statistik der Länder Brandenburg, Sachsen-Anhalt und Thüringen.

5 Zitiert nach Bartenstein, M. (Wirtschaftsminister Österreichs) aus „Der Standard“ (Wien) vom 5./6.05.01 : „Bartenstein sieht Übergangsfrist als Beruhigungspille“.

6 Die ursprünglich für das Jahr 2010 berechneten Prognosewerte wurden von den Landesämtern für Statistik der Bundesländer Sachsen und Thüringen im Jahre 2000 erheblich nach unten korrigiert. Neuere Berechnungen auch zu den Bundesländern Sschsen-Anhalt, Brandenburg und Mecklenburg-Vorpommern lagen jedoch noch nicht vor.

5.5 Die internationale Zusammenarbeit bei EU-Projekten der Raum- und Verkehrsplanung

Es versteht sich von selbst, dass grenzüberschreitende internationale Projekte der Raum- und Verkehrsplanung einer sehr intensiven internationalen Zusammenarbeit aller Fachgremien bedürfen, da ansonsten derartige Projekte a priori zu Scheitern verurteilt sind. Unterscheidet man bei den EU-Projekten die Phasen der

1. Vorschlagserarbeitung und Abstimmung der Projektziele mit den potentiellen internationalen Projektpartnern auf der Ebene der Bearbeitung,
2. Antragstellung bei den zuständigen Behörden auf Landes- und EU-Ebene,
3. Sicherung der Kofinanzierung auf Landesebene,
4. Genehmigungsverfahren auf Landes- und EU-Ebene,
5. Projektbearbeitung,

so ergaben sich zumindest nach den Erfahrungen des Verfassers die größten Schwierigkeiten in den Phasen 3 und 4. Sie allein beanspruchten im Falles des „Sustrain“-Projektes etwa 12 und in dem des inzwischen genehmigten Folgeprojektes „SIC“ (Sustrain Implement Corridors) 18 Monate, in denen immer wieder Änderungswünsche der Landes- und EU-Behörden zu berücksichtigen waren. Hier wären im Interesse einer schnelleren Umsetzung der späteren Projektergebnisse kürzere Bearbeitungsfristen durchaus wünschenswert. Als sehr hinderlich stellten sich auch die mangelhaften (Englisch-)Sprachkenntnisse von Mitarbeitern der zuständigen Landesbehörden heraus. Relativ problemlos war hingegen die internationale Zusammenarbeit auf der Bearbeiterebene. Schwierigkeiten ergaben sich hier allerdings dann, wenn z. B. nicht in allen Ländern die benötigten Primärdaten zur Verfügung gestellt werden konnten oder etwa bestimmte raumplanerische Grundsysteme (z. B. das der zentral-örtlichen Gliederung) nicht überall vorhanden waren. Dies zwang zur (zeitaufwendigen) Suche nach länderspezifischen Kompromisslösungen, die ihrerseits die internationale Vergleichbarkeit der Untersuchungsergebnisse erschwerten.

Strategien der Vorfeldarbeit in Brüssel und der Interessenvertretung für Ostdeutschland am Beispiel der Chemieindustrie

Thomas Wobben

1. Einleitung

Ein entscheidender Erfolgsfaktor für eine effiziente Interessenvertretung auf europäischer Ebene ist die frühzeitige Einflussnahme auf die Erarbeitung neuer Regelungen auf allen Ebenen. Je früher auf die Entwicklung neuer Gesetzesinitiativen, d. h. bereits im Referentenstadium, Einfluss genommen wird, desto geringer ist der dafür notwendige Aufwand – desto größer also auch die Aussicht auf Erfolg der eigenen Bemühungen. Darin ist im Kern die Effizienz der Vorfeldarbeit definiert.

Dieses Prinzip gilt nicht nur für die europäische Gesetzgebung und Politikentwicklung, aber auf europäischer Ebene kommt hinzu, dass bei der Vertretung eigener Interessen eine größere Zahl von Akteuren agiert als auf nationaler Ebene und dass daher viel stärker vernetzt gedacht und gehandelt werden muss.

Deutschen Ländern ist im Gegensatz zu belgischen Regionen die eigenständige Vertretung ihrer Belange auf Ebene des Ministerrates nur in ganz wenigen Fällen möglich (nur bei ausschließlichen Gesetzgebungsbefugnissen der Länder i.S.v. Art. 23 Abs. 6 GG). Sie verfügen aber gleichzeitig über eine vergleichsweise starke Rolle bei der innerstaatlichen Entscheidungsfindung zu EU-Fragen und sind mit einer Vielzahl von Beauftragten des Bundesrates in Arbeitsgremien des Rates und der Kommission vertreten, die sich mit dem formalen Rechtsetzungsprozess befassen, nicht jedoch mit seinem Vorfeld, der Entwicklung neuer Ideen und Initiativen. Daraus wird deutlich, dass die Entwicklung europäischer Bündnisstrategien zunehmend notwendig ist, um eigene Interessen im europäischen Konzert durchzusetzen.

Dieser Vernetzungsprozess hat dann auch Rückwirkungen auf die landesinterne Politikentwicklung, da durch den interregionalen Austausch die Akteure im Land gezwungen sind, sich frühzeitig zu positionieren.

Dies ist gerade für ostdeutsche Länder, die erst seit relativ geringer Zeit im Politiksystem der Europäischen Union aktiv sind, von besonderer Bedeutung und noch eine große Herausforderung.

Am Beispiel der von Sachsen-Anhalt initiierten Vernetzung der Chemieregionen soll erklärt werden, wie europäische und landesinterne Vernetzungsstrategien miteinander verbunden sind und welche Ergebnisse sich daraus für die eigene Interessenvertretung ableiten können.

2. Sachsen-Anhalt als Chemieregion in Europa

Sachsen-Anhalt ist der wichtigste Chemiestandort in Ostdeutschland. Rund die Hälfte des Umsatzes der ostdeutschen Chemieindustrie wird in diesem Land und dort vor allem im Süden des Landes erwirtschaftet. Diese Branche hat aber in den vergangenen Jahrzehnten einen tief greifenden Umstrukturierungsprozess durchschritten: 1989 waren noch rund 117.000 Menschen in der Chemieindustrie beschäftigt; derzeit sind es 13.000. Mittlerweile steigt die Zahl der Arbeitsplätze an den wichtigsten Standorten der ehemaligen Chemiekombinate, auf denen in den vergangenen Jahren ganz neue Chemieparks entstanden, stetig an. Somit hat sich das Land zu einem modernen Chemiestandort entwickelt und die Chemie gehört zu den stärksten Branchen im verarbeitenden Gewerbe.

Neben der günstigen Lage in unmittelbarer Nähe zu den Märkten in den neuen Mitgliedsstaaten und den relativ geringen Faktorkosten spielten auch ein hohes Bildungsniveau und eine allgemeine Aufgeschlossenheit der Bevölkerung gegenüber der Chemieindustrie eine große Rolle bei der erfolgreichen Umstrukturierung. Ende der 90er Jahre war der Umstrukturierungsprozess der Chemiestandorte weitgehend abgeschlossen. Zu diesem Zeitpunkt wurden zunehmend Fragen und Überlegungen der Chemieunternehmen über die künftigen Perspektiven der mitteldeutschen Chemieindustrie thematisiert. Für die künftigen Investitionsentscheidungen auf den Standorten und die Vermarktung der noch nicht genutzten Flächen auf den Chemieparks galt es, Antworten auf folgende Fragestellungen zu finden:

- Wie werden sich die förder- und beihilferechtlichen Rahmenbedingungen in Ostdeutschland in Bezug auf die Finanzielle Vorausschau 2007-2013 und die Ausgestaltung der künftigen Förderprogramme verändern ?
- Wie ändern sich die umwelt- und industriepolitischen Rahmenbedingungen in Europa durch Initiativen der Europäischen Kommission im Bereich der Chemikalienpolitik oder des Gesundheitsschutzes?
- Wie lassen sich die Chancen der Erweiterung für die Chemieparks nutzen, wenn sie einerseits mit einer zunehmenden Konkurrenz der Chemiestandorte in den neuen Mitgliedsstaaten konfrontiert sind, und andererseits dort die größten Chancen für den Absatz der eigenen Produkte liegen?

Diese Fragen wurden u. a. auch an die Landesregierung gerichtet, um aus deren Beantwortung verlässlichere Aussagen für die künftige Investitionsplanung ableiten zu können.

3. Strategiedialog mit der Chemieindustrie

Aus diesen Gründen wurde bereits im Juli 1999 von der Chemieindustrie der Vorschlag an die Landesregierung herangetragen, die zentralen Fragen der künftigen Standortentwicklung der mitteldeutschen Chemieindustrie ressortübergreifend mit der Landesregierung zu diskutieren.

Dahinter stand die Einsicht auf beiden Seiten, dass aufgrund der strukturbestimmenden Rolle der Chemieindustrie ein abgestimmter Prozess zur Diskussion und Koordinierung mit zentralen Politikfeldern des Landes notwendig wurde. Der Dialog zielte darauf ab, gemeinsam den Handlungsbedarf zum Erhalt und zur Verbesserung der wirtschaftlichen Rahmenbedingungen für das Wachstum an den Standorten auszuloten.

In regelmäßig stattfindenden Dialogrunden unter Leitung des Ministerpräsidenten, die durch eine kleine Koordinierungsgruppe auf Staatssekretärsebene vorbereitet wurde, sind seither in diesem Sinne zahlreiche Initiativen vereinbart und umgesetzt worden, wie z. B.:

- Gemeinsame Initiative zur Ausbildung von Fachkräften im Bereich der Chemieindustrie,
- enge Zusammenarbeit zwischen Forschung und Chemieunternehmen in der Region und
- Bundesratsinitiativen zu bundesdeutschen Regelungen.

Ein zentraler Bestandteil dieser Debatte war von Anfang an die europäische Ebene, da hier:

- de facto 80% der für die Chemieindustrie besonders wichtigen umweltpolitischen Vorgaben gemacht werden und auch
- die förderpolitischen Handlungsspielräume durch die europäische Wettbewerbspolitik festgelegt werden.

Verstärkend kam die Debatte über die künftige Ausgestaltung der europäischen Chemikalienpolitik hinzu, die weitreichende Folgen für die künftige Wettbewerbsfähigkeit der gesamten europäischen Chemieindustrie haben wird.

4. Aufbau europäischer Kooperationsstrukturen

Bei der intensiveren Befassung mit den chemiepolitisch wichtigen EU-Vorlagen wurde schnell deutlich, dass Stellungnahmen des Landes zu diesen Themen in der Vergangenheit eher reaktiv und unstrukturiert erfolgten. Eine klare Strategie in der Interessenvertretung oder gar eine Profilierung des Landes als Chemiestandort fand nicht statt. Darüber hinaus wurden die Stellungnahmen des Landes zu europäischen Vorschlägen und Vorgaben oftmals erst im Rahmen des Bundesratsverfahren, also erst nach Vorlage der Beschlüsse der Kommission erarbeitet. Von allen Seiten wurde diese Praxis als ineffizient und zu reaktiv eingestuft. Im Rahmen des Strategiedialogs wurde daher beschlossen, besonderes Augenmerk in der künftigen gemeinsamen Arbeit auf die Einflussnahme auf EU-Vorgaben und Vorlagen zu legen.

Das Verbindungsbüro in Brüssel hat zur gleichen Zeit die Initiative gestartet, diesen internen Prozess der Entwicklung einer pro-aktiven europapolitischen Interessenvertretung mit einer externen Vernetzungsstrategie der Chemiestandorte zu verbinden. Dahinter stand die Einsicht, dass vor allem die Vorschläge der Kommission zur künftigen Ausgestaltung der europäischen Chemikalienpolitik - in deren Zentrum die REACH-Verordnung steht - vielschichtige Auswirkungen auf die lokalen und regionalen Gebietskörperschaften in allen europäischen Ländern mit großen Chemiestandorten haben wird.

- Chemiestandorte sind strukturbestimmend für die regionale Wirtschaftsstruktur. Fragen der Sicherheit, des Umweltschutzes und der Wettbewerbsfähigkeit der Standorte haben somit direkte Auswirkungen auf die Entwicklungsperspektiven vieler lokaler und regionaler Gebietskörperschaften.
- Regionale Verwaltungen sind oftmals direkt einbezogen, um die europäischen Vorgaben und Gesetze vor Ort anzuwenden. So sind es die Länder in Deutschland, die das neue Chemikalienrecht vor Ort umsetzen müssen.
- Effiziente und problemadäquate Vorgaben aus Brüssel sind daher von großer Bedeutung für die pragmatische und erfolgreiche Umsetzung vor Ort.
- Es sind vor allem die lokalen und regionalen Gebietskörperschaften, die vor Ort einen Konsens zwischen den Beteiligten und den Zielen von Wettbewerbsfähigkeit, Umweltschutz und sozialen Belangen erzielen müssen. Sie sind die direkten Ansprechpartner der Unternehmen, der Verbände und der Bürger.

Daher wurde im März 2001 in Brüssel erstmals ein Treffen von Vertretern der Chemieregionen organisiert, um so die Möglichkeiten einer künftigen Kooperation auszuloten. Schnell wurde deutlich, dass die gesamten Chemiestandorte in Europa – trotz des unter ihnen herrschenden Standortwettbewerbs – in gleicher Weise von EU-Vorhaben und -Vorgaben betroffen sind. Vor allem Chemiestandorte mit relativ gering ausgeprägten regionalen Strukturen (z. B. Großbritannien) waren einer engeren Kooperation sehr aufgeschlossen. Auch die Europäische Kommission (Generaldirektion Industrie und Umwelt) sah in dem Zusammenschluss der Chemiestandorte eine sinnvolle Ergänzung zu den bereits bestehenden Netzwerken der Industrie, der Zivilgesellschaft und der europäischen Verbände.

Unter Federführung des Verbindungsbüros und in enger Abstimmung mit den betroffenen Fachressorts und der mitteldeutschen Chemieindustrie wurde dieser Vernetzungsprozess kontinuierlich ausgebaut. Im Mai 2003 wurde der 1. Kongress der europäischen Chemieregionen in Brüssel durchgeführt, um so Unternehmensvorständen, Regionalministern und hochrangigen Vertreter der europäischen Institutionen die Möglichkeit zu geben, gemeinsame Positionen auszutauschen bzw. sich zu aktuellen chemierelevanten Themen zu positionieren. Nach der erfolgreichen Durchführung des 1. Kongresses europäischer Chemieregionen stieg das Interesse an dem Netzwerk und die Erwartung an diese interregionale Kooperation stetig an.

Als Konsequenz wurde im September 2003 im Rahmen der Gemeinschaftsinitiative INTERREG III C ein Netzwerkantrag eingereicht, um die Kooperation der Chemieregionen langfristig abzusichern. Nachdem dieser Antrag im Januar 2004 positiv beschieden wurde, standen seit Anfang 2004 insgesamt rund 1 Mio. Euro an EU-Mitteln für die Weiterentwicklung des Netzwerkes zur Verfügung. Im Februar 2004 wurde der 2. Kongress der europäischen Chemieregionen in Halle durchgeführt, auf dem Wirtschaftsminister Dr. Rehberger zum Gründungspräsidenten berufen wurde. Mittlerweile haben weitere Regionen ihre Beteiligung am Netzwerk zugesichert, so dass derzeit Chemiestandorte aus Spanien, Belgien, den Niederlanden, Großbritannien, Polen, Estland, Italien und Deutschland im Netzwerk zusammengeschlossen sind. Ein wichtiger Bestandteil des Netzwerks war es, sich als „regional stakeholder“ für die Belange der Chemiestandorte in Europa zu profilieren. Zwischenzeitlich wird deutlich, dass diese Rolle zunehmend auch von den europäischen Institutionen anerkannt wird. Die Europäische Kommission hat begonnen, durch eine strategische Partnerschaft vor allem auch die Kooperation mit den Chemieregionen zu intensivieren.

5. Auswirkungen der Vernetzung auf die Chemiepolitik des Landes

Die Rolle des Landes im Netzwerk europäischer Chemieregionen ging aus der Notwendigkeit hervor, sich früher als bisher in chemierelevanten EU-Angelegenheiten zu erklären.

Für die Chemiekongresse mussten beispielsweise Landespositionen erarbeitet werden, ohne dass dafür bereits Beschlussvorlagen aus dem Bundesrat vorlagen. Daher wurden aus einigen dieser eigenständig erarbeiteten Positionierungen für das Netzwerk der Chemieregionen Initiativanträge für Befassungen im Bundesrat oder gemeinsame Erklärungen von Landesregierung und heimischer Chemieindustrie. Zum Teil erfolgten diese Prozesse auch zeitlich parallel.

Durch das Netzwerk konnte weiterhin erreicht werden, dass hochrangige Vertreter aus den europäischen Institutionen, die für einzelne Chemiestandorte nur schwer als Gesprächspartner zur Verfügung standen, auf Veranstaltungen des Netzwerks vertreten waren.

Für Sachsen-Anhalt hatte der Vernetzungsprozess unter anderem zur Folge, dass der vergleichsweise kleine Chemiestandort im Konzert der großen regionalen Cluster wahrgenommen und akzeptiert wurde. Dabei war die geringe Größe der Standorte auch ein klarer Vorteil, weil mit dem Chemiedialog ein landesinterner Koordinierungsmechanismus zur Verfügung stand, der ein schnelles und flexibles Kooperieren ermöglichte.

Flankiert wurde diese landesinterne Einbindung in europäische Belange auch dadurch, dass sich die Chemieparks im Land in einem gemeinsamen Netzwerk zusammenschlossen, um vor allem auf europäische Kooperationsanfragen schnell reagieren zu können.

6. Ergebnisse des Prozesses

Nach nunmehr mehrjähriger Aufbauzeit, erscheint es angebracht, eine erste Zwischenbilanz der Vernetzungsaktivitäten des Landes zu ziehen.

Mit dem europäischen Netzwerk der Chemieregionen ist es gelungen:

- Die regionale Dimension bei der Entwicklung von chemiepolitischen Vorhaben auf europäischer Ebene zu stärken.
  In der am 19.12.2003 verabschiedeten Mitteilung der Kommission für die frühzeitige Einbindung lokaler und regionaler Verbände auf europäischer Ebene wird erstmals ein klarer Kooperationsrahmen für die Zusammenarbeit zwischen Kommission und europäischen Netzwerken von Regionen definiert.

- Sachsen-Anhalt hat sich durch die Gründungspräsidentschaft von Wirtschaftsminister Dr. Rehberger und durch die Federführung des im Rahmen des INTERREG-Programms eingereichten Projekts langfristig eine maßgebliche Rolle im Netzwerk gesichert.
- Im Rahmen der Vorschläge der Kommission zur künftigen Ausgestaltung der europäischen Chemikalienpolitik konnten wichtige Belange der Chemieregionen erfolgreich eingebracht werden.
  Regionale Planspiele, wie beispielsweise die von Nordrhein-Westfalen durchgeführte Simulation der möglichen Auswirkungen des REACH-Systems auf ausgewählte Industriebereiche, haben deutlich gemacht, dass durch die Einführung dieses Systems mit erheblichen Belastungen für die Verwaltungen zu rechnen ist und dass mehr Aufwand an Zeit, Personal, Expertise und Geld auf die Unternehmen zukommen werden.
  Die Forderung des Netzwerks, die Verbundproduktion auf geschlossenen Chemiestandorten in Europa im Rahmen der Ausgestaltung von REACH weitgehend von den Registrierungsauflagen zu entlasten ist dafür ein konkreter Beleg.
- Das Land hat sich als Chemieregion in Deutschland und Europa („Bei uns stimmt die Chemie!") profiliert und positioniert.
  Es ist durch das Netzwerk gelungen, Kontakte mit Vorstands- und Entscheiderebenen wichtiger Chemieunternehmen, mit hochrangigen Vertretern der Europäischen Institutionen und mit internationalen Akteuren aufzubauen und neue Kooperationen zu initiieren.
  So wurde mit den Regionen Lombardei/Italien und Asturien/Spanien ein Kooperationsprojekt zum Vergleich von Clusterinitiativen im Rahmen der Chemieindustrie bei der EU erfolgreich beantragt.
- Mit dem Strategiedialog zwischen Landesregierung und Chemieindustrie steht ein Kooperations- und Dialoginstrument zur Verfügung, um neue Formen des Public-Private-Partnership zu entwickeln.
- Die Chemieparks im Land arbeiten heute – auch unter dem Eindruck der Kooperation mit anderen Chemiestandorten – wesentlich enger zusammen. Mit dem Chemieparknetzwerk CeChemNet, in dem alle wichtigen Chemieparks Mitteldeutschlands vereinigt sind, und das nach anfänglicher Anschubfinanzierung nunmehr von den Parks selbst finanziert wird, steht heute eine Institution zur Verfügung, die zu einer wichtigen Kommunikationsplattform mit der Landesregierung geworden ist.
  Die Chemieparks haben sich auf ein gemeinsames Vermarktungs- und Kooperationskonzept verständigt, um insbesondere auch im Hinblick auf die Erweiterung der Europäischen Union ihre Transformationserfahrungen für die Chemiestandorte in diesen Ländern zu vermarkten.
- Das Land hat sich mittlerweile durch zahlreiche Beschlüsse z.B. zur Chemikalienpolitik bzw. zum Emissionshandel frühzeitig und pro-aktiv in die Diskussionsprozesse eingebracht.
  Dies belegen Stellungnahmen des Landes zur Internet-Konsultation über die Vorschläge von REACH oder auch die an Kommissarin Wallström am Rande des 2.

Kongresses der europäischen Chemieregionen übergebene „Hallenser Erklärung", die Beteiligung der Internet Konsultation der EU zum künftigen Klimaschutz oder auch die Erklärungen zur künftigen Ausgestaltung des Emissionshandels in der Europäischen Union. Am 6.10.2005 schließlich wurde in Mailand das bisher informell arbeitende Netzwerk durch eine formelle Vereinsgründung institutionalisiert.

7. Ausblick

Für das Land waren und sind Strategiedialog und Chemienetzwerk wichtige Lern- und Handlungsfelder um neue Formen der Kooperation zwischen Politik und Wirtschaft zu entwickeln. Vor allem vor dem Hintergrund langfristig sinkender Zuflüsse und Fördermöglichkeiten ist es notwendig, durch eine enge Kooperation und durch gemeinsame Lernprozesse neue Standortqualitäten hervorzubringen. Dazu zählt beispielsweise die frühzeitige Debatte über die langfristigen Entwicklungsziele der Chemiestandorte und dem daraus für das heutige Tun abzuleitenden Handlungsbedarf. Dass dieser Dialog mit der Chemieindustrie so erfolgreich war, ist dabei kein Zufall. In diesem Bereich gibt es eine ausgeprägte Partnerschaft zwischen den Sozialpartnern und oftmals auch mit den öffentlichen Einrichtungen. Die Industrie ist durch starke Unternehmens- und Verbandsstrukturen geprägt, die sich auch industrieintern relativ einfach koordinieren lassen.

Die regionale Partnerschaft im Rahmen des Strategiedialogs wird auf europäischer Ebene durch das Netzwerk der Chemieregionen fortgesetzt. Die Arbeiten auf beiden Ebenen sind inhaltlich eng miteinander verschränkt. Die nächsten Jahre werden zeigen, ob es gelingen wird, diese Vor-Ort-Erfahrungen stärker als bisher in die europäischen Meinungsbildungsprozesse einzubringen. Derzeit bemühen sich die Landesregierung und die Chemieparks in Mitteldeutschland Mittel und Wege zu finden, die Vollzugserfahrungen im Land mit den Bestrebungen der Europäischen Kommission zu „better regulation" zu verknüpfen. Die ersten Schritte dazu sind gemacht.

Einfluss der EU-Integration auf die Regionen Polens

Sebastian Płóciennik

Am 1. Mai 2004 wurde Polen Mitglied der Europäischen Union. Der Schritt ist Krönung der gelungenen Transformation der wirtschaftlichen und politischen Strukturen in den letzten 16 Jahren. Dieser Erfolg soll aber die Tatsache nicht verhüllen, dass das Land immer noch vor großen Herausforderungen steht. Die Arbeitslosigkeit hält sich auf einem sehr hohen Niveau. Enorme Strukturprobleme belasten die Wachstumsperspektive – vor allem im Bezug auf die marode Infrastruktur, die Schwerindustrie und die Landwirtschaft. Das Land ist auch sehr arm: zum Beitrittsdatum erreichte Polen Pro Kopf nur 41% dessen, was im EU-Durchschnitt erwirtschaftet wird. Die Aufholperspektive erstreckt sich auf mindestens eine Generation.

Diese Probleme gewinnen an Schärfe, wenn man sie unter der Perspektive der Regionen analysiert. In diesem Essay werden einige Dimensionen der Differenzierung des Landes dargestellt, anschließend wird die Frage erörtert werden, wie die europäische Integration die regionale Struktur Polens beeinflussen wird.

Räumliche Aspekte der wirtschaftlichen Entwicklung

Zu den intensiv diskutierten Problemen der Entwicklung in der Marktwirtschaft gehört das ständige Ringen zwischen den Kräften der regionalen Konvergenz, also der Angleichung der Wirtschaftsleistung der Regionen und der Divergenz, die eine Vertiefung der Unterschiede bedeutet. Argumente in dieser Debatte werden sowohl auf der lokalen Ebene, insbesondere zur städtischen Entwicklung, sowie auf der Ebene der Regionen und Staaten, erhoben. Im letzten Fall münden sie in einen breiten Strom der Diskussion über die Folgen des Integrationsprozesses und der Globalisierung.

Der Konvergenzoptimismus richtet sich nach der neoklassischen ökonomischen Schule, die ihre Prämissen auf das Gesetz der Angleichung der Preise und Löhne stützt. Kapital fließt in die Standorte, in denen es knapp ist und wo die Renditen höher sind. Das gleiche betriff den Faktor Arbeit: er bewegt sich dorthin, wo die Löhne höher sind. Die Tendenz der Konzentration der wirtschaftlichen Tätigkeit wird von steigenden Agglomerationskosten gebremst, d.h. auch unterentwickelte Regionen haben gute Chancen auf einen Aufstieg, dieses auch ohne staatliche Steuerung der Strömungen von Kapital und Arbeit. Die Divergenzthese basiert hingegen auf den Hinweisen der neuen Wachstumstheorien. Wirtschaftliche Entwicklung hängt weniger von bloßer Preisanpassung ab, sondern von der Fähigkeit der Regionen, attraktive Allokationsmöglichkeiten für moderne Industrie und Dienstleistungen zu schaffen. Diverse Effekte, wie Skalenerträge, Spillover und Lerneffekte, stellen auch die optimistischen Erwartungen zur Konvergenz in Frage. Ohne auf die Einzelheiten einzugehen: diese Perspektive ist ein entscheidendes Argument für den staatlichen Eingriff, der eine ausgewogene Raumstruktur zum

Ziel hat. Der aktive Staat setzt auf regionalpolitische Instrumente, wie Finanztransfers, infrastrukturelle Investitionen und die Unterstützung für die Humankapital-Bildung.

Diese zwei Paradigmen werden natürlich von der Wirtschaftspolitik widergespiegelt. Bedenken über Divergenz sind aber das Privileg der Reichen. Der Spielraum ärmerer Länder ist wesentlich enger. Polens Entwicklung der letzten Jahre ist ein gutes Beispiel dafür.

Regionale Struktur Polens

Unter vielen Kriterien, die der Messung der Wirtschafts- und Sozialleistung dienen können, sind vor allem das BIP pro Kopf und das Niveau der Arbeitslosigkeit zu erwähnen. Wenn sie zur Beschreibung der polnischen Regionen in Anspruch genommen werden, wird ein sehr differenziertes, buntes Bild der geographischen Struktur des Landes sichtbar. Der Wohlstand, gemessen am BIP pro Kopf ist am höchsten in der Mazowieckie Woiwodschaft mit Warschau als Hauptstadt Polens. In 2003 erwirtschaftete die Region über 150% der durchschnittlichen Wirtschaftsleistung des Landes. Relativ produktiv sind auch die Regionen Schlesiens, Großpolens, Niederschlesiens. Als Schlusslichter gelten Gebiete im Osten und Südosten, wie Lubelskie, Podlaskie, Podkarpackie und Warmińsko-Mazurskie.

Auch das Niveau der Arbeitslosigkeit ist regional sehr differenziert, obwohl es nicht immer gleich mit der Verteilung der Wirtschaftsleistung ist. Am besten ist die Lage in der Mazowieckie. Überraschend gut ist die Situation auf dem Arbeitsmarkt im armen Südosten, was aber damit im Zusammenhang steht, dass die kleinbetriebliche Landwirtschaft relativ viele Arbeitskräfte engagiert. In Opolskie hingegen beeinflusst die Arbeitsmigration nach Deutschland die Lage nicht unwesentlich. Sehr schlecht ist hingegen die Lage in Niederschlesien, Lubuskie, Kujawsko-Pomorskie und Warmińsko-Mazurskie, also im Landstreifen von Westen nach Ost-Norden (dies sind vor allem die nach dem Krieg gewonnenen Gebiete).

Insgesamt lassen sich in Polen immer noch vier Typen von Regionen unterscheiden. Der erste Typ sind die städtisch-industriellen Ballungszentren, in denen die Bergbauindustrie, die Schwerindustrie, sowie andere „alte“ Industriebranchen eine wichtige Rolle spielen und in denen der Reformbedarf immer noch sehr hoch ist. Ein Beispiel dafür ist Oberschlesien mit der Schwerindustrie sowie auch Łódzkie, einst Zentrum der Textilindustrie.

Der zweite Typus sind Regionen, die von der rückständigen, kleinbauerlichen Art der Landwirtschaft dominiert werden. Zu dieser Gruppe werden die nordöstlichen, östlichen und südöstlichen Wojewodschaften gezählt (Warmińsko-Mazurskie, Podlaskie, Lubelskie, Podkarpackie), oft pauschal als „östliche Wand“ bezeichnet. Zu den größten Problemen der Regionen gehören die marode Infrastruktur und der Mangel an qualifizierten Arbeitskräften.

Zum dritten Typus gehören Regionen des Landes, deren Probleme vor allem daran liegen, dass die Wirtschaftsstruktur in den Zeiten der Planwirtschaft von LPGs und regional dominierender Industriebetriebe gestaltet wurde. Viele sind nach der Wende

Bankrott gegangen, was zur strukturellen Arbeitslosigkeit beigetragen hat. Ein weiteres Merkmal dieser Regionen ist, dass sie über keine sehr ausgeprägten Wirtschaftszentren und Grosstädte verfügen. Zu diesen Gebieten gehören Kujawsko-Pomorskie, Lubuskie, Świętokrzyskie, Opolskie und auch Zachodniopomorskie.

Der vierte Typ umfasst die am besten entwickelten Regionen: die Warschauer Metropole und Großpolen, sowie die aufstrebenden Regionen Niederschlesien mit Wroclaw, Pommern mit Danzig und Kleinpolen mit Krakau. Sie haben eine relativ gute Infrastruktur, ihre Hauptstädte sind Universitätszentren und erfüllen praktisch alle Bedingungen, um ihre Konkurrenzfähigkeit im europäischen Raum weiter zu erhöhen. Bald werden auch Łódzkie und Schlesien zu dieser Gruppe zählen.

Tabelle 1: Angaben zur regionalen Entwicklung in Polen

	Arbeitslosigkeit in % (2004)	Erwerbsaktivität in % (Bevölkerung im Alter über 15 Jahre)	BIP 2003 in Mrd. PLN (Anteil am BIP Polens in %)	BIP 2003 Pro Kopf (Polen = 100)	Beschäftigung in Forschung und Entwicklung 2004 in T.
Polen	19	54,7	816,1	100,0	127356
Niederschlesien	24,9	53,5	63,7 (7,8)	102,9	9.620
Kujawsko-Pomorskie	22,1	56,3	39,6 (4,9)	89,7	4.718
Lubelskie	16,7	57,2	32,9 (4,0)	70,3	6.896
Lubuskie	23,2	54,8	18,5 (2,3)	86,1	1.326
Łódzkie	18,8	55,0	50,7 (6,2)	91,3	7.748
Kleinpolen (Małopolskie)	17,2	56,9	60,2 (7,4)	86,7	17.007
Mazowieckie	14,6	55,8	167,9 (20,6)	153,2	34.702
Opolskie	17,8	52,3	18,2 (2,2)	80,4	1.545
Podkarpackie	16,7	53,8	32,3 (4,0)	72,2	2.975
Podlaskie	15,6	55,8	19,4 (2,4)	75,4	2.408
Pommern (Pomorskie)	20,2	53,3	45,6 (5,6)	98,0	6.646
Schlesien (Śląskie)	19,3	51,2	112,0 (13,7)	111,0	12.692
Świętokrzyskie	20,6	52,7	21,9 (2,7)	79,1	1.124
Warmińsko-Mazurskie	22,3	53,5	23,6 (2,9)	77,2	2.277
Grosspolen	18,2	57,2	74,7 (9,2)	104,2	12.136
Westpommern (Zachodniopomorskie)	23,8	54,3	35,5 (4,2)	95,3	3.536

Quelle: Rocznik Statystyczny Województw 2005, Statistical Yearbook of the Region – Poland, Central Statistic Office, Warszawa 2005.

Wenn man nach Ursachen dieser Differenzierung fragt, ist der Hinweis auf natürliche und geografische Faktoren (Berge, Flachland) nicht sehr hilfreich. Auch die Einbeziehung der Dekaden unter kommunistischer Herrschaft sowie der Jahre der Transformation erklären nicht alles: Es muss tiefer gesucht werden. Zweifelsohne beeinflusste die turbulente Geschichte des Landes in den letzten 200 Jahren die Entwicklung der Regionalstruktur. Ende des 18. Jahrhunderts wurde Polen von Russland, Österreich und Preußen geteilt. In den nächsten 120 Jahren entwickelten sich die Regionen Polens zu Peripherien der drei Mächte mit wesentlichen Folgen für die Wirtschaftstrukturen.

Die Teilung endete nach dem Ersten Weltkrieg, aber ihre regionalen Folgen sind bis heute noch leicht zu erkennen. Einen relativ hohen Stand der Entwicklung verzeichneten die Regionen unter preußischer (deutscher) Herrschaft, unter der sich die Schwerindustrie und eine relativ moderne Landwirtschaft etablierte (Großpolen). Viel schlechter war es in den Provinzen unter der russischen Herrschaft, am schlechtesten entwickelt war die Wirtschaft aber in Galizien unter der österreichisch-ungarischen Monarchie. Als nach dem ersten Weltkrieg die II Republik gegründet wurde, stand sie vor der großen Herausforderung eines ökonomischen und infra-strukturellen Zusammenschweißens des Landes, sowie des Aufbaus neuer Industriegebiete. Es ging um die Überwindung der Provinzlage aller Regionen, die 120 Jahre lang zu Grenzzonen der Nachbarländer wurden. Als der schwierige Prozess abgeschlossen schien kam der Zweite Weltkrieg und nach ihm die neue Grenzsetzung durch die Westverschiebung. Polen verlor Gebiete im Osten, bekam aber ehemalige deutsche Gebiete bis zur Oder-Neiße-Linie. Der Staat musste das Wirtschaftsleben auf diesen Gebieten aufbauen. Die kommunistischen Regierungen setzten dort auf staatliche LPGs in der Landwirtschaft (anders als im traditionellen Südosten) und staatliche Großindustrie.

Tabelle 2: Direkte ausländische Investitionen in Polen im 2004

	Zahl der Lokalisierung (über 1 Mio. Euro)	**Anteil**
Mazowieckie	834	26,7%
Schlesien	392	12,5%
Niederschlesien	317	10,1%
Großpolen	257	8,2%
Łódzkie	245	7,8%
Pommern	185	5,9%
Kleinpolen	185	5,9%
Kujawsko-Pomorskie	144	4,6%
Lubuskie	103	3,3%
Westpommern	101	3,2%
Podkarpackie	81	2,6%
Opolskie	62	2,0%
Warmińsko-Mazurskie	62	2,0%
Lubelskie	59	1,9%
Świętokrzyskie	52	1,7%
Podlaskie	49	1,6%
Zusammen	3 128	100,0%

Quelle: Polnische Agentur für Ausländische Investitionen (PAIZ).

Die wirtschaftliche Transformation in den neunziger Jahren des 20. Jahrhunderts war für die polnische Regionalstruktur ein weiterer Schock. Die Reformen und die zunehmende Globalisierung setzten viele Branchen unter Druck. Die staatliche Landwirtschaft erlitt einen spektakulären Zerfall in Gebieten, wie Kujawsko-Pomorskie und Westpommern. Die Schwerindustrie von Schlesien – vor allem die Bergbauindustrie, einst Pracht des Landes, wurde zur Krisenregion mit steigenden Raten der Arbeitslosigkeit und Armut. Zum negativen Symbol der Transformationsjahre wurden auch die niederschlesische Waldenburg (Wałbrzych) mit Steinkohlegruben und Łódź, das „polnische Manchester", dessen Textilindustrie mit der Billigkonkurrenz aus Asien nicht mithalten konnte. Es muss aber klar gesagt werden: Polen erlebte zu dieser Zeit auch sein Wirtschaftswunder. Als erstes Land in Osteuropa befand es sich 1995 auf einen Wachstumspfad mit 7% wirtschaftlichem Zuwachs. Diese Entwicklung hatte aber keine regionale Konvergenz zur Folge. Das Kapital sowie qualifizierte Arbeitskräfte konzentrierten sich in großen Städten und in den Spitzenregionen, ihre Dominanz auf der Karte Polens zeigt auch die Verteilung der direkten ausländischen Investitionen (siehe Tabelle).

Die Anfänge der Regionalpolitik in Polen nach der Wende waren schwer. Es ging vor allem darum, für die marktwirtschaftlichen Kräften mehr Raum zu schaffen. Die Politik beschränkte sich auf die Arbeitsmarktpolitik, beziehungsweise auf Umstrukturierungsmaßnahmen für bestimmte Industriebranchen, z. B. im Bergbau, in der Stahlindustrie und in der Rüstungsindustrie. Auch die Landwirtschaft erfreute sich Privilegien, die sich aber aus heutiger Sicht eher hemmend auf den Strukturwandel auswirken. Erst als die Beitrittsperspektive deutlicher wurde, kam es zu einer neuen Handhabung der Problematik. Ein wichtiger Schritt auf dem Wege war zweifelsohne die Reform der Verwaltungsstruktur des Landes (siehe Kasten).

Die Bedeutung der Regionalpolitik vor dem Beitritt schränkten viele Faktoren ein, wobei nicht alle materieller Natur waren. Im Hintergrund der Debatten über den Aufholprozess von Polen tauchte immer wieder die Frage auf, ob knappe Mittel des Schwellenlandes in die Wachstumsinvestitionen eingesetzt werden sollen, oder doch mehr in die regionale „Solidarität". Kritiker sagten, dass die regionalpolitischen Maßnahmen Polen Kraft kosten, die für die Modernisierung benötigt wird. Als Paradebeispiel dient ihnen die Reform des Bergbaus: Bergleute erhielten rund 10.000 Euro für den Beschäftigungsverzicht. Diese Unterstützung wurde nicht ausreichend durch andere Maßnahmen ergänzt, z. B. Umqualifizierungen. Als Beispiele galten auch Deaktivierungsinstrumente des Arbeitsmarktes, die schwache Regionen eher noch in tiefere Probleme getrieben haben als früher.

Es gab auch materielle Barrieren. Die Haushaltslage hatte sich während der Transformation stetig verschlechtert. Im Jahr 2004 betrug das Defizit der öffentlichen Finanzen 3,9% des BIP (Angaben von GUS – Hauptamt für Statistik) und die öffentliche Verschuldung hat sich seit dem Beginn der Transformation verdoppelt (44% im 2004). Der Konsolidierungsdruck macht eine Unterstützungspolitik für schwache Regionen nicht einfacher. Dazu kommt noch das Problem der Ausgabenstruktur der polnischen Finanzen, die übermäßig hoch mit starren Sozialausgaben belastet werden und wenig Raum für eine aktive Regionalpolitik lassen.

Verwaltungsreform 1999

Seit Mitte der 1970er Jahre umfasste die Verwaltungsstruktur des kommunistischen Polens 49 Woiwodschaften. Nach der Wende und mit der Perspektive der Osterweiterung der EU wurde die administrative Ordnung reformiert, wobei ein besonderer Akzent auf Selbstverwaltung und Regionalisierung gelegt wurde. Schon 1990 verfolgte man das Ziel einer verstärkten Selbstverwaltung und Selbständigkeit der Gemeinden, aber die entscheidende Reform kam erst 1999. Die neue Verwaltungsstruktur Polens umfasst 2.489 Gemeinden, 308 Bezirke (Powiat) und 16 Woiwodschaften. Die zwei ersten Stufen gehören zur Selbstverwaltung, in den Woiwodschaften hat die Zentralregierung eigene Repräsentanten. Mit der Reform sollte auch die Dezentralisierung der Finanzen einhergehen. Dieses Ziel ist aber eher halbherzig realisiert worden. Zu den Schwächen gehört auch ein immer noch niedriges Niveau von Kooperation zwischen den Selbstverwaltungsstrukturen.

Die wirtschaftliche Integration: Potenzielle Folgen für die Regionen Polens

Im Prozess der wirtschaftlichen Integration werden Barrieren für den Handel und die Mobilität der Produktionsfaktoren beseitigt und dadurch eine Angleichung der Preise, Zinsen und Löhne in Gang gesetzt. Sie wird intensiver, wenn mit der negativen Marktintegration auch die positive Integration in Form von gemeinsamen Politiken und Institutionen einhergeht (bis zur Wirtschafts- und Währungsunion). Dem Prozess können nur natürliche und kulturelle Barrieren, wie geographische Entfernung, Sprachen, usw. auf dem Wege stehen.

Was könnte dies für die polnische regionale Struktur bedeuten? Unter rein marktwirtschaftlichen Aspekten eröffnet sie einerseits eine große Chance, weil der Zugang zum Kapital, Wissen, Technologie einfacher und billiger wird. Andererseits aber fordert die Integration die schwachen Regionen zusätzlich heraus. Qualifizierte Arbeitskräfte können mehr Anreize zur ökonomisch motivierten Migration gewinnen und dadurch auch das Entwicklungspotenzial der Region beeinträchtigen. Die EU-Integration basiert nicht nur auf marktwirtschaftlichen Kräften, zu ihrem Wesen gehört auch das Bemühen um eine ausgewogene regionale Entwicklung Europas. Sie basiert darauf, dass die wirtschaftlichen Kernregionen (Staaten) den Aufstieg der schwächeren Provinzen des Wirtschaftsraumes über die auf konkrete Ziele ausgerichteten Programme unterstützen.

Aus dieser Perspektive ist die Frage, ob die EU-Integration zur Konvergenz oder doch zu weiterer Divergenz beitragen wird zumindest frappierend. In den nächsten Punkten werden einige Argumente für die jeweiligen Optionen des Konvergenzoptimismus und des Divergenzpessimismus gesammelt.

Die EU-Integration wird die Divergenztendenzen in Polen vertiefen

Grundlage für diese Überzeugung sind die schon oben erwähnten Konsequenzen der internationalen Mobilität der Produktionsfaktoren. Das heute wichtigste Argument ist zweifelsohne die Migration der polnischen Arbeitskräfte in die Länder, die keine Übergangsfristen in diesem Bereich eingeführt haben. Im Beitrittsjahr 2004 waren dies drei Länder: Großbritannien, Irland und Schweden. Die Angaben zu Migration sind sehr unterschiedlich und reichen von 150.000 bis 300.000. Diese Tendenz weckt Kontroversen. Einerseits bekommen die polnischen Bürger die Möglichkeit, im Ausland zu arbeiten, wodurch angeblich die Arbeitslosigkeit gesenkt werden soll. Von den Auswanderern wird erwartet, dass sie ihr verdientes Geld nach Hause schicken und damit die Zahlungsbilanz des Landes aufbessern. Es wird auch argumentiert, dass sie irgendwann nach Polen zurückkommen werden, um ihre Erfahrungen sowie ihr Kapital hierzulande zu investieren. Es gibt auch viele Gegenargumente. Ins Ausland emigrieren die Aktivsten und Qualifizierten, was zusätzlich den inländischen Arbeitsmarkt belastet: Arbeit wird immer teurer. Dazu verliert das Land das in die Ausbildung investiertes Geld (brain drain). Mit zunehmender Befürchtung werden auch die Zahlen der sich für das Leben und Studium im Ausland entscheidenden jungen Leute und die immer tiefer werdende Beschäftigungslücke beobachtet. Ein Beispiel dafür ist die Situation in der Baubranche: der Mangel ist so hoch, dass die Öffnung des Arbeitsmarktes für Ukrainer erwogen wird.

Welche Regionen Polens sind von der Migration besonders „bedroht“? Natürlich weniger die, die geringe Arbeitslosenquoten aufweisen und zu den Wachstumslokomotiven des Landes gehören. Andere Regionen, die kurzfristig nicht so gute Beschäftigungs- und Wohlstandsperspektiven für ihre Bürger haben, werden mit dem Auswanderungsdruck stärker konfrontiert.

Die EU-Integration kann zur größeren Konvergenz in Polen beitragen

In den Debatten über Vorteile des EU-Beitritts spielte das Argument des Zuganges zum großen Binnenmarkt eine wichtige Rolle: man hoffte auf höhere Exportraten. Diese Erwartung war besonders im landwirtschaftlichen Sektor ausgeprägt, der relativ lange von den Vorteilen der fortschreitenden Liberalisierung des Handels mit der EU ausgeschlossen war – wir sprechen hier von der Branche, die im europaweiten Schnitt über wesentliche Konkurrenzvorteile verfügt. Solche Erwartungen waren geringer in anderen Sektoren, die seit Jahren von den Vorteilen der offenen Märkte profitierten. Die Entwicklung des Außenhandels hat dies nun bestätigt. Die Agrarexporte von Polen in die EU sind im Jahr 2004 um 60% gestiegen, doppelt so viel, wie die der anderen Branchen.

Die Erhöhung der Chancen, die sich aus dem besseren Zugang zum EU-Markt ergeben, hat aber nicht nur Folgen für den Handel. Es ist auch mit einen Zufluss an direkten Investitionen in Polen zu rechnen. Besonders attraktiv scheint diese Perspektive für die Regionen des ersten Typs, die einerseits über viele, gut ausgebildete Arbeitskräfte verfügen, andererseits aber in den letzten 15 Jahren sehr stark von den Zwängen der Transformation betroffen waren. Ein gutes Beispiel ist die Region Łódzkie, die sich jetzt auf dem Feld moderner Dienstleistungen für europäische Konzerne profiliert.

Der Konvergenzoptimismus in Polen stützt sich weniger auf die Marktkräfte als auf die Transferpolitiken der EU. Der Zugang zu ihnen war in der politischen Debatte eines der wichtigsten Argumente für den Beitritt. Die Struktur- und Kohäsionspolitik, sowie die Agrarpolitik sollten den polnischen schwachen Regionen einen wirklichen Aufholprozess ermöglichen. Es gab schon gute Erfahrungen durch Programme wie PHARE, ISPA, SAPARD, die insgesamt 6 Mrd. Euro in den Bereichen Infrastruktur und Landwirtschaft investierten. Für den Zeitraum von 2004-2006 werden die Verpflichtungen der EU zugunsten Polen auf 19,3 Mrd. Euro und die Mitgliedsbeiträge auf 13,5 Mrd. Euro geschätzt. Die Netto-Empfänger-Position von Polen sollte also über 6 Mrd. Euro betragen. Davon wird für die Agrarpolitik knapp 7,5 Mrd. Euro vorgesehen. Viel mehr Mittel verspricht Polen die neue Finanzperspektive von 2007-2013. Gemäß des Kompromisses, der im Dezember 2005 erreicht werden konnte, kann Polen mit 59,65 Mrd. Euro aus dem gemeinsamen Haushalt für die Struktur- und Kohäsionsfonds rechnen. Dazu kommen noch 26 Mrd. Euro für die Landwirtschaft. Zusätzliche 100 Mio. Euro erhalten die ärmsten polnischen Regionen (die Wojewodschaften Świętokrzyskie, Podlaskie, Lubelskie, Podkarpackie und Warmińsko-Mazurskie), weil Bundeskanzlerin Angela Merkel in einer politischen Geste auf die Unterstützung für Bayern und die östlichen Länder zugunsten Polens verzichtet hat. Im Rahmen des Kompromisses ist auch beschlossen worden, dass der Zugang zu den Strukturfonds in den Jahren 2007-2010 vereinfacht wird: der Kofinanzierungssatz ist von 20% auf 15% gesunken.

Abgesehen von den Finanzmittel, die wirklich neue Chancen für die schwachen Regionen schaffen, müssen einige Vorbehalte zum Ausdruck gebracht werden. Sie betreffen vor allem die gemeinsame Agrarpolitik, die unter einigen Aspekten nicht so entwicklungsfreundlich ist, wie es in der Regel behauptet wird. Die direkten Zahlungen, der bedeutendste Teil der GAP, haben eher eine soziale Funktion und ihre modernisierungsfördernde Bedeutung kann bestenfalls indirekt sein. Es fehlt nicht an Stimmen, dass die veraltete, kleinbäuerliche Struktur der Landwirtschaft durch die üppigen Subventionen sogar eingefroren wird: es lohnt sich einfach den Boden weiter zu besitzen, ohne sich all zu sehr um produktive Verwertung zu kümmern. Bedenken wecken auch die Regelungen zu den Übergangsfristen bei den direkten Zahlungen. Zuerst bekamen polnische Landwirte nur 25% der direkten Zahlungen. Bis 2013 soll die Quote allmählich auf das Standardniveau steigen. Die EU hat aber zugelassen, dass der polnische Haushalt den Unterschied ausgleichen kann. Dies ist eine Einladung zu dem politischen Spiel, das nach den Regeln der politischen Ökonomie von den Bauern in Polen gewonnen wird – zum Schaden der direkten modernisierungsfördernden Ausgaben, z. B. für die Infrastruktur in den schwachen Gebieten. Im Allgemeinen ist die These nicht gänzlich unbegründet, dass die EU-Agrarpolitik die Produktivitätsentwicklung zugunsten der sozialen Lage der Bauern bremsen wird.

Von anderer Natur sind die Probleme bei der Struktur- und Kohäsionspolitik. Obwohl die ersten Erfahrungen eher positiv waren, gibt es immer noch Fragen, ob die schwachen Regionen den Aufwand bei Vorbereitung von Projekten und Anträgen langfristig meistern können. Es stellt sich auch die nicht ganz unbegründete Frage, ob nach dem Aufbau der lokalen Infrastruktur durch Wassernetze, Kläranlagen, usw. die Umstellung der unterentwickelten Gemeinden und Kommunen auf Projekte, die sich auf modernen Dienstleistungen, Sozialkapital und Ausbildung konzentrieren, wirklich unproblematisch verlaufen wird. Anschließend sind noch die Kofinanzierungsregeln zu erwähnen. Obwohl der Staat sich hier zur Hilfe verpflichtet hat, bleibt die Suche nach zusätzlichen Mitteln auf den Kapitalmärkten eine nicht unwesentliche Hürde für schwache Regionen. Es handelt sich hier um eine beträchtliche Summe. Nur in der Zeit von 2004-2006 betrug die Kofinanzierung 3,5 Mrd. Euro an öffentlichen Mittel und 1,8 Mrd. Euro an privaten Mittel (nach dem nationalen Entwicklungsplan). Mit der neuen Finanzperspektive, die viel mehr an Unterstützung für Polen vorsieht, werden der Bedarf an Kofinanzierungsmittel und die daraus erfolgenden Herausforderungen entsprechend höher.

Ausblick

Die EU-Mitgliedschaft wird einen guten Einfluss auf die regionale Struktur Polens haben. Das bedeutet aber nicht, dass die Unterschiede zwischen den reichsten und ärmsten Regionen verschwinden werden und dass z. B. Kielce und Radom (Świętokrzyskie) plötzlich mehr Auslandsinvestitionen pro Kopf erzielen als die Warschauer Agglomeration. Nein, regionale Unterschiede wird es immer geben, sowie auch Konzentrationstendenzen in der wirtschaftlichen Aktivität. Es geht nun darum, dass die schwachen Regionen ihren Bewohnern Chancen für ein befriedigendes Wohlstandsniveau eröffnen und sich unter sozialen und ökologischen Aspekten nachhaltig entwickeln.

Sind die Perspektiven für eine solche Entwicklung so gut wie sicher? Es gibt immer noch viele Herausforderungen – beginnen wir mit der Integrationsebene. Offen ist die Frage, wie sich der Beitritt zur Eurozone auf die regionale Struktur auswirkt, sicher ist aber, dass sich der Konkurrenzdruck erhöhen wird. Es muss auch damit gerechnet werden, dass die Quote der finanziellen Unterstützung eher nicht wachsen wird. Die EU wird weiter erweitert werden und Länder aufnehmen, die viel ärmer sind als Polen. Es gibt auch viele offene Fragen zur Zukunft der Strukturpolitik. Die „Reichen" der EU sind nicht nur immer „sparsamer", sie planen auch ein Splitting der Fonds in einen FuE Teil für moderne Technologien und einen Infrastrukturteil für die „Armen". Diese Idee einer TGV-Lokomotive mit den mitgeschleppten Altwagons aus Mitteleuropa scheint für die regionale Entwicklung in Polen gefährlich. Auch der vor kurzem durchgesetzte so genannte Globalisierungsfond mit den Hilfsmitteln für Regionen Alteuropas, die unter Druck der billigeren Konkurrenz leiden, ist aus der Sicht eines Neumitglieds zweifelhaft. Globalisierung ist wohl auch der polnische Klempner und Autos aus Gliwice. Mit einer Hand will die EU die Konkurrenzfähigkeit Polen erhöhen, mit der zweiten Hand blockiert sie positive Folgen der innereuropäischen Arbeitsteilung.

Obschon die EU-Transferpolitik von wichtiger Bedeutung für Polen ist, sollte sie nicht überschätzt werden. Viel wichtiger ist die innere Wirtschaftspolitik und eigene Reformvorhaben. Die Fälle von Griechenland und Irland sind Beweis für die These, dass die Finanzhilfe zwar wichtig ist, aber keinen Aufschwung garantiert. Damit die Strukturprobleme des Landes wirklich gelöst werden können, brauchen die Regionen niedrige und stabile Steuern, einen nicht korrupten Staat, stabile Regierungen, einen elastischen Arbeitsmarkt und eine schlanke, effektive Bürokratie. Diese Wachstumsfundamente können nicht allein durch die Mitgliedschaft in der EU erzielt werden, zu ihrer Realisierung wird vor allem die Eigeninitiative des polnischen Staates benötigt.

Herausgeber und Autoren

Dr. Klaus Detterbeck: Wissenschaftlicher Mitarbeiter, Institut für Politikwissenschaft, Otto-von-Guericke-Universität Magdeburg.

Dr. Elke Halm: Ministerium für Ernährung, Landwirtschaft, Forsten und Fischerei des Landes Mecklenburg-Vorpommern, Schwerin.

Dr. Sebastian Płóciennik: Willy-Brandt-Zentrum, Universität Wrocław.

Prof. Dr. Wolfgang Renzsch: Institut für Politikwissenschaft, Otto-von-Guericke-Universität-Magdeburg.

Staatsminister Rainer Robra: Chef der Staatskanzlei und Europaminister des Landes Sachsen-Anhalt, Magdeburg.

Dr. Henrik Scheller: Wissenschaftlicher Mitarbeiter, Hamburgisches WeltWirtschafts-Institut (HWWI); Lehrbeauftragter, FU-Berlin und Universität Potsdam, Berlin.

Thomas Wobben: Leiter der Vertretung des Landes Sachsen-Anhalt bei der EU, Brüssel.

Dr. Jobst Zander: Institut für Verkehr und Raum, Fachhochschule Erfurt.

Zeitfracht Medien GmbH
Ferdinand-Jühlke-Straße 7
99095 Erfurt, Deutschland
produktsicherheit@kolibri360.de